丛书编委会

总　策　划：来新国　王文成

编委会主任：郭齐勇　周晓亮

编　　　委：来新国　陈知涯　张　彧　尹格韬　沈　众

王文成　孟淑贤　周长志　罗养毅　秦　丹

乌　琛

大家精要
典藏版丛书

简读

玄奘

傅新毅 著

陕西师范大学出版总社 西安

图书代号　SK24N1923

图书在版编目(CIP)数据

简读玄奘 / 傅新毅著 . — 西安：陕西师范大学出版
总社有限公司，2024.11
（大家精要：典藏版 / 郭齐勇，周晓亮主编）
ISBN 978-7-5695-4247-9

Ⅰ . ①简… 　Ⅱ . ①傅… 　Ⅲ . ①玄奘（602-664）—
传记　Ⅳ . ① B949.92

中国国家版本馆 CIP 数据核字（2024）第 028442 号

简读玄奘
JIAN DU XUANZANG

傅新毅　著

出 版 人	刘东风
策划编辑	刘　定　陈柳冬雪
执行编辑	王西莹
责任编辑	舒　敏
责任校对	陈柳冬雪
封面设计	龚心宇　张潇伊
出版发行	陕西师范大学出版总社
	（西安市长安南路 199 号　邮编 710062）
网　　址	http://www.snupg.com
印　　刷	深圳市福圣印刷有限公司
开　　本	889 mm×1194 mm　1/32
印　　张	7
插　　页	4
字　　数	127 千
版　　次	2024 年 11 月第 1 版
印　　次	2024 年 11 月第 1 次印刷
书　　号	ISBN 978-7-5695-4247-9
定　　价	49.00 元

读者购书、书店添货或发现印装质量问题，请与本公司营销部联系、调换。
电话：（029）85307864　85303629　　传真：（029）85303879

目　录

1

导　言

　　唐僧西天取经的故事，在中国可以说是家喻户晓、妇孺皆知。《西游记》中的孙悟空、猪八戒和沙和尚都只是艺术虚构，唐僧却在历史上有其原型，这就是本书要向大家介绍的玄奘。历史上的玄奘心诚志坚、无惧无畏、百折不挠、精进不息，是独步千古、彪炳史册的佛门大师。他早年舍身求法，"乘危远迈，杖策孤征"，始自唐都长安（今陕西省西安市），终于印度王舍新城（今印度比哈尔邦之拉杰吉尔），跋涉五万余里，历经艰险，备尝磨难；他游学印度近二十载，以杰出的才华蜚声异邦；归国后，他不慕时荣，与青灯黄卷为伴，孜孜于译经传道之业，终其一生，共出佛典七十五部、一千三百三十五卷，无论就数量或质量言，都无愧为中国译经史之第一人；他与弟子共同创立的法相唯识宗，成为中国佛教八大宗派之一，其精谛妙义，遂得薪火相传。

　　玄奘一生，无论是求法还是译经，都出于一种强烈的使命感。他始终追随既定的理想和信念，为此不惧任何凶险乃至不惜生命。唐太宗赞誉他"超六尘而迥出，只千古而无对"，意即远超尘世，千古无双。在玄奘身上，真正体现了"富贵不能淫，贫贱不能移，威武不能屈"的"大丈夫"精神。他坚贞的信念、不折的意志，他的勇气和智慧，他的担当和坚持，连同他惊人的成就，必当震烁中外、流芳千古！

第1章

千 里 之 驹

玄 奘 家 世

大家可能都记得《西游记》中对玄奘身世的描述，那大抵还是沿用了传统民间传说的套路：玄奘的父亲金榜题名、高中状元，跨马游街时逢当朝丞相之女抛绣球招亲，于是郎才女貌，喜结良缘。孰料上任途中，祸从天降，玄奘之父为贼人所害，沉尸江底，其母有孕在身，无奈之下，屈从了贼人。玄奘降生后，为免遭贼人迫害，母亲将他抛入江中，顺流而下，遂被金山寺和尚收养并剃度为僧。接下来自然就是快意恩仇的一幕了，玄奘找到了他的外公、当朝丞相，于是贼人伏法，父亲还魂，一家团圆。类似情节的故事，最早可见于南宋末年周密（1232—1298）的《齐东野语》，此后经过元人杂剧的改编，最终被纳入《西游记》中。由于细节上有不少漏洞，明刊本《西游记》大多删除了这一回，现今通行的人民文学版的《西游记》则将其作为附录插在第八、第九回之间。那么，抛开滥熟的小说家言，历史上真实的玄奘又如何呢？

玄奘俗姓陈，名祎，玄奘是其法名，门人则多尊称他为"三藏法师"。《西游记》中说，"三藏"是唐太宗赐给玄奘的称号，这只说对了一小部分。一如中国古代文献被归为经、史、子、集四部一样，全部的佛典也被划归为经、律、论三大类，是为三藏。所谓"三藏法师"，即指精通经、律、论三藏的高僧。此名印度已有，在中国则特指通晓三藏并从事译经者，当然大多是帝王所封赐。唐代被尊为"三藏法师"者非止一人，不过，一般说"大唐三藏"或"唐三藏"，皆专指玄奘。"唐僧"属于俗称，意即"唐朝的僧人"。僧的范围远大于三藏法师，凡出家人皆是僧，何以玄奘被称为"唐僧"，原因不明，大概或是唐三藏一名的俗化，或是因为一般人都只知道西天取经的玄奘，把他作为唐朝僧人的代表了吧。

玄奘祖籍颍川（今河南省许昌市），至其祖陈康后迁居洛州（今河南省洛阳市）缑氏（今河南省偃师市缑氏镇），玄奘即出生在那里，其故居在今缑氏镇东北凤凰谷谷东之陈河村。玄奘家世曾颇为显赫，据传他的家族是汉末名士陈定之后。陈定（104—187），字仲弓（一作仲躬），颍川许县人，曾任太丘（今河南省永城市西北）长，卒谥"文范先生"。陈定父子在汉魏之际名望极高，是当时著名的清流。晋室南渡后，陈氏一支迁吴兴长城县（今浙江省长兴县），南朝陈之皇室即出此支；一支迁荆州华容县（今湖北省潜江市西南），隋天台宗的实际创始人智𫖮（俗姓陈，字德安，538—598）即出此支；一支仍留北朝，即玄奘所从出。玄奘高祖陈湛，北魏清河太守。曾祖陈钦（一作陈山），北魏上党太守、征东将军，封南阳郡开国公。祖父陈康，以学优出仕北齐，历国子博士、国子司业、礼部侍郎，因其食邑在河南郡，故子孙徙居缑氏。到玄奘之父陈慧时，家道大概已经中落，陈慧虽早通经术，曾举孝廉，先后出任过陈留、江陵等地县令，终因隋朝政治衰败，不久便辞官回乡，隐居以终。玄奘的母亲宋氏，为洛州长史宋钦之女，她育有四子一女，其中次子出家洛阳净土寺为僧，法名长捷；一女嫁瀛州（今河北省河间市）张氏，玄奘则是宋氏之幼子。

玄奘的生年，自从梁启超先生提出疑问以来，学者多有争议。玄奘的生年是按照其卒年减去年寿来加以推定的，这也是推定僧人生年的一般方法。玄奘的卒年，说法相对比较统一，除《旧唐书》本传称是唐高宗显庆六年（661，是年三月改元，即龙朔元年）外，其他相关文献都载为高宗麟德元年（664）。就僧人传记来说，正史的记载未必权威，因为古代的官修史书，都以儒家正统观念为准，对佛、道两家多少有所忽视甚或排斥，即便像玄奘这样独步千古的佛门大师，亦只有寥寥数百字的传记侧于《旧唐书》的《方伎传》中，而力主反佛的欧阳修（1007—1072）主修之《新唐书》，更于此传一字不取。所以关于玄奘卒年的记载，《旧唐书》的说法并不可靠。

至于玄奘的年寿，说法就有很多，大致有以下四说：一、五十六岁，此依《旧唐书》本传；二、六十三岁，此依冥祥《行状》；三、六十五岁，此依道宣（596—667）《续高僧传》本传；四、六十九岁，此依刘轲《塔铭》。

除了依据《旧唐书》本传的五十六岁说现在无人采信外，其他的三说都有学者认同。笔者则倾向于六十三岁说，其中最重要的一条理由在于，综合所有现存的玄奘传记，几乎都提到了这样一个事件：或说在年满二十、二十一岁时，或说在唐高祖武德五年（622），玄奘在成都受了具足戒。佛教中的受戒是有很多规定的。一般来说，在家的居士受五戒，即不杀生、不偷盗、不邪淫、不妄语、不饮酒。至于因《西游记》中的猪八戒而为大家所熟知的八戒，则是指在家居士于每月的六个斋日（即阴历每月的初八、十四、十五、二十三以及月底两日）受持一日一夜的八条戒律，当然这不是《西游记》所说的八戒，《西游记》只是借用其名而已。至于出家之人，沙弥、沙弥尼须受十戒；而要成为正式的比丘、比丘尼，则要受具足戒。汉地主要依据《四分律》受戒，其中比丘戒有二百五十戒，比丘尼戒有三百四十八戒，这就是具足戒，又名大戒。可以受具足戒的最小年龄，《四分律》的规定是年满二十岁，因为若年龄过小，恐其不堪忍受。玄奘在年满二十或二十一岁时受具足戒，正符合僧制的规定，而这一年即是武德五年，那么由此推算，玄奘于麟德元年去世时，正好是六十三岁。由此再来反推玄奘的生年，就应是隋文帝仁寿二年（602）。

据传玄奘出生时，他的母亲做了一个梦，梦见玄奘身着白衣西去，其母惊呼："你是我的儿子，你要去哪儿呢?"玄奘回答说："为求法而西行。"这个故事可能只是后人的附会，实际上，玄奘从小接受的还是传统的儒家教育。据传他的父亲身高八尺，容貌魁伟，早通经术，有儒者风范，因无意于官场，辞官后一直隐居于乡，潜心典籍，以诗书传家，颇为时人所称道，比之为汉末名士郭泰（字林宗，征有道君子，不就，故亦称郭有道，128—169），这大概无论是外在形象还是内在品性都与郭泰近似的缘故吧。中国自汉末以来的人物品评是颇有意思的，它强调形与神的统一，由形而知神，所以形也是不可或缺的环节，而据史书记载，郭泰正是身高八尺，容貌魁伟，并且还是汉末清流的领袖。不管怎样，玄奘父亲与其先祖陈定父子一样，都可称得上是中国古代知识分子的典型，其特点大约可以用《论语》中的两句话来概括，一是"博学于文"，二是"行己有耻"。什么叫作"有耻"？"有耻"就是有所不为，能于污浊恶世洁身自好、严持操守。这是中国古代士人的基本精神，而士人精神的错位与失位必定意味着民族文化与民族精神的错位与失位！正是在父亲的传授、熏陶下，玄奘从小就接受了传统的儒家教育，也逐渐铸就了高尚的情操与坚忍的意志。

玄奘八岁时，父亲为其讲授《孝经》。《孝经》起首的《开宗明义章》说，有一次孔子闲居，弟子曾子侍坐于旁，孔子问："先王有至德要道，用以顺天下人心，使上下和睦无怨，你知道吗？"曾子按照礼节立即站起来，回答说："我这人不敏达，又哪里能知道呢？"于是孔子就为他讲了孝之大义。当父亲讲到这里时，玄奘忽然整衣而起，父亲很吃惊，问其缘故，玄奘回答说："老师发问，曾子就马上站起来回答，而如今我受父亲教诲，又怎能安然坐着不动呢？"父亲听了惊喜不已，以为将来必成大器。从此玄奘更潜心苦读先圣典籍，致力修学圣贤之行，不和别的孩子一起嬉戏，不去喧闹场所玩耍，就是街上钟鼓之声震天，坊间举行各种演出，男女云集、热闹非凡之时，他也心无旁骛，不为所动。

不过玄奘接受儒家教育的时间并不是很长。大约五岁时，玄奘的母亲宋氏就病故了。大约十岁时，父亲也弃世而去。遭此父母双亡的重大变故，玄奘无以为生，只能随早年出家的二兄长捷法师暂住洛阳净土寺，成了一名少年行者，从此开始接触到了佛教的经典。

崭露头角

玄奘十三岁（一说十一岁）时，朝廷派大理寺卿郑善果到洛阳度僧二十七人。

佛教传入中国的初期，政府对出家僧尼尚未形成一套完善、有效的管理体制，随着佛教势力的发展，这带来了严重的政治、经济和社会问题：一旦出家，即免除一切徭役、兵役和赋税，进而还可以占有大量王公贵族捐赠的土地，成为不事生产却又拥有雄厚经济实力的僧侣地主。有此逃避赋役乃至快速致富的法门，人们自然是趋之若鹜了。这样一来，佛教僧团不仅势力日渐庞大，而且内部又龙蛇混杂、良莠不齐，这对世俗政权造成了严重威胁。因此，为有效地管理佛教僧团、控制佛教势力的发展，自后秦、北魏起，政府开始建立僧官制度，对僧籍予以统一管理。举措之一就是出家有一定的名额限制，要经过政府的考核甄选并列入僧籍，也就是取得正式户口，此即所谓官度，凡发现有私度即私自出家而无僧籍者，则要移交官府。虽然偶有皇帝特诏的临时政策（如隋文帝杨坚在位时，就曾数次下诏，凡愿出家者皆任听出家），官度作为常制还是沿用了下来。

郑善果（？—629），其人正史有传，曾仕隋、唐二朝，以为官清廉、执政严明、政绩卓著知名于时。此次他来洛阳，是定期的常规性度僧。这回度僧竞争激烈，优秀的候选人有一百多，名额却只有二十七人，结果玄奘因年龄太小未能入选。善于鉴识人才的郑善果在官衙门口发现了落选的小玄奘，一下子被这个相貌堂堂、风骨非凡的孩子吸引住了，经过询问，知道玄奘想要出家，只是未能入选，就又问他："你想出家是为了什么呢?"玄奘回答说："为了远承如来的事业，光大佛法!"郑善果对玄奘的志向与器度都深为嘉许，于是破格录取了他，并对其他的官员说："记诵佛经容易，而天生的风骨却难得。如果剃度这个孩子，将来必成佛门的大器，只是我和诸位怕是看不到这一天罢了。"这样，玄奘便得以在净土寺出家为沙弥，从此正式开始了他的佛门生涯。

出家后的玄奘更加勤奋学习，寺内的小沙弥时常在一起嬉戏玩耍，他从不参与，认为这是荒废时间。当时净土寺有景法师讲《涅槃经》，玄奘于听讲之余，发奋研读，手不释卷，以至寝食皆忘。又有严法师讲《摄大乘论》，玄奘更为爱好，听一遍就大体明白了，再看一遍更是完全了然于胸，僧众对此都极为惊异，请他登上讲座复述，十五岁（一说十三岁）的玄奘讲论剖析，竟能畅达老师的要旨，表现出了过人的悟性与出色的才华。

隋朝末年，兵灾交替，海内鼎沸。隋炀帝大业十四年即唐高祖武德元年（618），李密率瓦岗军直逼洛阳，其时王世充等奉越王杨侗守洛，双方展开了激烈的争夺战，洛阳大乱。而唐主李渊自晋阳（今山西省太原市西南）起兵，已于上年据有长安，拥代王杨侑为帝，境内初定，人心思附。在玄奘的建议下，他与兄长捷法师离开洛阳，往投长安，寓居于长安庄严寺。此时李渊已登基称帝，然兵革未息、百废待兴，长安僧寺亦因连年的战乱饥荒，一片萧条，那里讲席早废，甚至连基本生活都无法维持。由于未曾波及战火的四川一带相对较为平静，京师、关中的许多高僧大德都已相继去蜀。玄奘于是再次向兄长建议，离开长安而入蜀游学。兄弟两人遂循子午道（其南口曰午，在汉中东，北口曰子，在西安南，是汉唐时代从首都长安向南直穿秦岭，通向汉中、巴蜀的重要通道之一），到达汉川（今陕西省汉中市），遇慧景与空法师，因此结伴而行，玄奘并于途中从之问学。这样，到达成都（今四川省成都市）时，玄奘已学过《毗昙》《摄大乘论》各一遍。

成都此时已聚集了众多高僧。当年，隋炀帝于洛阳建四道场，招天下名僧居之，而以慧景、道基、宝暹等为首，此三人皆出彭城（今江苏省徐州市）崇圣寺靖嵩（537—614）门下，如今均避居蜀地，故号"彭门蜀垒"。玄奘先后从宝暹学《摄大乘论》，从道基学《毗昙》，又从道振（一作"志振"）学《八犍度论》等，几年之内，便通贯诸部。他登座讲论，不须看经卷，就能诵经讲解，娓娓道来，当时被视为神人。连道基法师也感慨："我所参加过的讲席也算多的了，但从来没有见过如此神悟的年轻人！"此时玄奘已不仅知名蜀中，其声名还远及于荆楚与吴地（今两湖与江苏一带）。

武德五年，玄奘二十一岁，在成都受具足戒，成为正式的比丘，并坐夏学律。坐夏即夏安居，因为雨季万物萌生，外出容易误杀草木、虫类，所以每年雨季的三个月，僧众不再外出，聚居一处，共同修行，是为夏安居。这原是古印度的传统习俗，后为佛教所采纳。由于各地气候不同，夏安居的时间亦有差异，中国、日本皆以阴历四月十六日至七月十五日为安居期，七月十六日则为自恣日，这一天僧众集于一堂，检讨在过去的九十天内各自的言行有无违反戒律，若有犯戒，则要忏悔赎罪。玄奘在这一年的夏安居期间集中学习了戒律。

与此同时，长捷法师亦在蜀地僧俗两界取得了相当的声望。长捷体态魁伟，颇似乃父，谈吐风流，长于接物，不仅善讲佛经，也兼通儒、道典籍。时人将玄奘兄弟称为"陈门双骥"，说："从前颍川有'荀氏八龙'（东汉荀淑有八子，并有才名，时人谓之'八龙'），而今又见陈门双骥，曹操说汝州、颍川多出名士，此言不虚！"不过，长捷终究没有玄奘那样超尘脱俗，既没有弘法救世的远大志向，也没有玄奘那种百折不挠的意志和抗礼万乘的勇气与节操，这最终导致了兄弟俩的分道扬镳。在研修完蜀地的佛典之后，玄奘迫切希望能到长安和各地游学，但或许是对眼下取得的成就已感满足，长捷并没有离开四川的打算。武德六年（623），滞留蜀中修学五年后，玄奘背着长捷，独自一人开始了在国内的游历。可以说，这是他后来西游的预演，而从史书记载来看，他从此也未与长捷再见过面，这次分手可能竟是兄弟的永诀。

玄奘与商人结伴，沿江而下，穿过三峡到达荆州（今湖北省荆州市）天皇寺。于此玄奘应邀开讲《摄大乘论》《毗昙》各三遍，历时半年，得到了其时镇守荆州的汉阳王李璃（？—630）的礼遇。次年，玄奘北上相州（今河南省安阳市），从名僧慧休（548—？）学《杂心论》《摄大乘论》等，历时八月，复北行至赵州（今河北省赵县），从道深学《成实论》，历时十月，直到翌年才又重新回到长安，此时已是武德八年（625）了。

经过唐初的初步恢复，长安已再度成为全国佛教的中心。玄奘住在大觉寺，从道岳（568—636）法师学《俱舍论》，从法常（567—645）、僧辩（568—642）二法师学《摄大乘论》，复从玄会（582—640）法师学《涅槃经》。这些经论，玄奘学习一遍就能穷尽其旨，而且每每有独到的领悟，那些宿学耆年的高僧也难以超过他。法常、僧辩二法师是长安佛教的领袖人物，众望所归，从者如云，他们称赞玄奘说："你真可谓是佛门的千里之驹，将来能光大佛法的必定是你，遗憾的是我们已老朽，恐怕看不到这一天了！"玄奘由此名满京城，大家都对这个年轻人另眼相看。

自出家以来，玄奘历两京，入西蜀，下荆楚，北上赵魏，复返长安，遍参名师，且学且讲，足迹所至已达半个中国。通过这一次国内游历，在增广见闻的同时，玄奘发现其时各家说法互有不同，想按照现有的佛典来检验其正误，又找不到明确的解答，似乎各种说法都有不同的经典依据，所以每每使人有无所适从之感。为此，玄奘逐渐萌发了西行求法的决心。

誓 志 西 游

为了解玄奘决意西游的动机，同时也为此后的论述提供一个基本背景，有必要先了解一下佛教及其汉传的大致情况。

佛教与基督教、伊斯兰教并列，是流行区域最广、影响最大的"世界三大宗教"之一。佛教起源于古印度，其创始人是释迦牟尼，这是佛教徒对他的尊称，意为释迦族的圣人，他又被称为佛陀，简称佛，意为觉者。一般认为释迦牟尼在历史上确有其人，他姓乔达摩，原名悉达多，是古印度北部迦毗罗卫国（在今尼泊尔与印度接壤的边境地区）净饭王的儿子。关于他的生卒年代，有各种不同的说法，汉地一般推定为公元前565年到公元前485年，差不多与中国的孔子（前551—前479）同时代。据传释迦牟尼二十九岁出家修行，三十五岁获得解脱，成为佛陀，其后四十五年在恒河两岸传道说法、广收徒众，直到八十岁去世，用佛教的说法，叫作般涅槃。从佛陀创教直到佛陀去世后一百年，佛教僧团基本还是维持了内部的统一，这一阶段被称为原始佛教时期。

在佛陀去世一百年之后，由于戒律进而发展到教义方面的一些分歧，佛教僧团终于分裂为上座、大众两大派，上座部是倾向于保守的长老集团，而大众部则由思想相对自由开放的众多僧侣组成。此后上座、大众两部各自又进一步分化，最后包括上座、大众两部在内共形成了二十个（据北传）或十八个（据南传）部派之多。这一阶段被称为部派佛教时期。

从公元前 1 世纪开始，陆续有一些大乘经典传出，印度佛教开始进入大乘佛教时期（**不过一些部派依然存在，并且还保持着相当的发展势头**）。大乘佛教兴起后，将部派佛教贬称为小乘。"乘"是梵文 yāna 的意译，原本是指车一类的交通工具，这里用来比喻佛教的教法，意即通过实践佛教的教法，能够将众生从烦恼的此岸运载到觉悟的彼岸。大、小乘在教理上有不少的区别，然而造成这一称谓上之对立的，主要是由于自利与利他的不同。小乘学习佛陀的教法并依法修行，以最终求得个人解脱为目的，不必担当教化和普度众生的义务。大乘则确立了菩萨的理想。菩萨是"菩提萨捶"的略称，意为求觉悟的众生。菩萨不是以自求解脱为目的，而是要普度众生，因此就必须担当起上求菩提、下化众生的双重任务。实际上，普度众生不是一种可有可无的外在义务，而是完成自己修行的必要条件。可见，相对于小乘的离世隐遁，大乘佛教所倡导的乃是积极入世。

大乘佛教在发展过程中曾先后形成了两个重要学派。约公元3世纪左右，龙树和他的弟子提婆，主要依据《般若经》的思想，开创了大乘佛教史上的第一个学派——中观学派。龙树的主要著作有《中论》《十二门论》《大智度论》等，其中《中论》《十二门论》与提婆的《百论》合称"三论"，在汉地被视作中观学派的纲领性著作。

公元5世纪，正当印度笈多王朝的强盛时期，无著、世亲兄弟开创了大乘佛教史上的第二个学派——瑜伽行派。瑜伽行派的主要经典有《瑜伽师地论》、《解深密经》、无著《摄大乘论》、世亲《唯识二十论》《唯识三十颂》等。世亲之后，瑜伽行派又先后形成了两支不同的发展路向，一支基本保持了世亲学的原貌，被称为唯识古学，其代表人物有难陀与安慧；另一支在世亲学的基础上有所发挥与创新，被称为唯识今学，其代表人物有陈那与护法。玄奘入印后，即直接受学于护法的弟子戒贤。

自公元六七世纪始，印度佛教在印度教（系由婆罗门教演变而来）的挤压下逐渐密教化，进入了其发展的最后一个阶段——秘密佛教时期。密教之名系与显教即此前的大小乘佛教相对，它有不许公开的秘密传授，充满了神秘色彩。公元13世纪初，由于伊斯兰势力的入侵，佛教最终在印度本土消亡。直到 19 世纪，佛教才由斯里兰卡回传印度，其间中断达六百余年。

佛教约在两汉之际传入中国内地。汉武帝通西域和丝绸之路的开辟，打开了佛教由西域诸国传入中国内地的通道。流行于西域诸国的既有小乘，也有大乘，所以大小乘也就几乎同时传入了内地，并非如《西游记》所说的在玄奘之前只有小乘。起初，佛典是由西域来华的僧人随机带来的，或有文本，或凭记诵，然后在数名汉人的协助下将其译出，故早期译经都属私人性质。从量上来说，不仅数量少，而且部头也小，多为节译本；从质上来说，翻译缺乏系统性，并且由于语言隔阂，译文往往词不达意、艰涩难懂。为了迎合本土社会的流行信仰和传统观念以便于佛教在中国的传播，早期来华僧人还多采用道家或其他中土固有的术语、概念、思想来比附、翻译、解释佛教的经典和义理，这被称为"格义佛教"。"格义佛教"在一定程度上改变了佛教的原义，却也是佛教这一异质文化在传入之初不致被拒斥而能为中土社会所认同的必由之路。佛教经典的这种传播状况直到鸠摩罗什来华译经才有了根本性的改变。

鸠摩罗什（约 350—约 409），意译"童寿"，祖籍天竺，生于龟兹（今新疆库车县）。早年曾随母前往罽宾（今克什米尔地区）、疏勒（今新疆喀什地区）等地游学，后羁留凉州（今甘肃省武威市）达十六年，具备了一定的汉语基础和汉文化修养。后秦弘始三年（401），罗什被秦主姚兴（366—416）迎往长安奉为国师。在姚兴的支持下，罗什先后在长安逍遥园、长安大寺组织起规模宏大的译场，是为中国有国立译场之始。参与此译场者如僧睿、僧肇、道融、昙影等，既精教理，又善文辞，都是姚秦的一时之杰。罗什一生共译出佛典三十五部二百九十四卷（据《祐录》），主要为般若系的大乘经典和龙树、提婆一系的中观派论书。

国立译场的设立，为译经提供了雄厚可靠的经济保证和最优化的人才配置；罗什本人兼通梵胡汉语，也有效避免了前期译经因语言、文化等方面的隔阂而带来的各种问题；其门下才俊之士的匡正润色，更使译文能够顺应本土的文法结构、语汇修辞乃至习尚偏好等，从而赢得了汉地受众的普遍欢迎。凡此种种，都使罗什译本达到了玄奘之前中国佛典翻译的最高水准，就其普及流行程度言，即便是后出转精的玄奘译本都难以望其项背，所以直到今天，为国人所讽诵研习者许多也还是罗什译本。

如果说鸠摩罗什是中国佛典翻译的转折性人物，那么其门下的竺道生（355—434）则以首倡"一切众生悉有佛性"而导引了中国佛教的涅槃佛性学说转向，使中国化佛教的主流思潮由此得以形成。佛性的确切译名应为"佛界"。界的本义是领域或场所，由此可引申为"本性""因"二义，因此佛性即是指佛的本性或成佛之因。具体来看，这是说，虽然众生并非现实地就是佛，也就是说众生并不能完全显现佛的本性，然而佛的本性遍在于众生，对众生言，佛的本性虽然处于潜在的状态而为烦恼所遮蔽，却是未来成就佛果的根本因。在印度大乘佛教时期，曾有一些以佛性为主题的经典传出，其中一个汇编性的典籍就是《大般涅槃经》。东晋义熙十四年（418），由法显传来的相当于《大般涅槃经》前分的《大般泥洹经》六卷于建康（今江苏省南京市）译出，此经中称，一切众生皆有佛性，唯除一阐提不能成佛。一阐提是梵文的音译，大意为不信佛法、断灭了善根的人。道生不为经文所拘，孤明先发，倡言一阐提亦可成佛，这遭到了旧学僧侣的强烈反对，他们以此为邪说，并奏请刘宋文帝，将道生逐出了建康僧团。不久，北凉昙无谶（385—433）于玄始十年（421）译成的全本《大般涅槃经》传至建康，其中果有阐提成佛之言，道生因之声名大振，而涅槃佛性学说亦随之流行中土。

南北朝时期，随着佛教经典的进一步传译，汉地僧人转而倾心于佛典的研习讲论，并逐渐形成了以专弘某部佛典为特征的各种学派。其中影响较大的有：专弘《涅槃经》的涅槃学派，专弘毗昙学主要是《阿毗昙心论》和《杂阿毗昙心论》的毗昙学派，专弘《成实论》的成实学派，专弘《十地经论》的地论学派，专弘《摄大乘论》的摄论学派，等等。当时，那些专精于某部佛典的学者被称为"师"，比如专精于《涅槃经》者被称为"涅槃师"，所以，他们各自形成的群体在今天看来也就具有了学派性质。虽然这些学派还不是隋唐时的宗派，却为后者的创立准备了理论条件。

除了涅槃学派外，其时地论、摄论等学派也参与到佛性问题的探讨之中。地论学派所研习的《十地经论》是世亲对《十地经》的注释书，《十地经》后被收入《华严经》而成为其中的《十地品》。《十地经论》由菩提流志与勒那摩提于北魏永平元年至四年（508—511）在洛阳译出，共十二卷。该论译出后，他们的门人即予以研习弘传，由此形成地论学派。由于观点差异，地论学派分为两系，一是以菩提流志的弟子道宠为代表的地论北道，一是以勒那摩提的弟子慧光为代表的地论南道，其中以地论南道更具影响。摄论学派所研习的《摄大乘论》为无著造，由世亲、无性释，是一部对唯识学理予以系统组织的论书。该论最早曾有北魏译本，当时未获重视。后来真谛（499—569）于陈天嘉四年（563）在广州重新译出无著本论，并首次译出世亲释论，本论单行三卷，合为十五卷，复撰《义疏》八卷（已佚）。真谛是中国佛教四大译师之一（另三人为鸠摩罗什、玄奘、义净或不空），他虽然译出经论众多，却对《摄论》特别重视，故其弟子研习弘传，遂成摄论学派。不过，该学派起初在南方未能产生很大影响，直到昙迁（542—607）、靖嵩（537—614）等将其传至北方，因其能与《地论》互相发明，许多地论学者转治此论，摄论学才得以大盛。

《地论》《摄论》都属于唯识古学的典籍，然因受制于翻译者的语言能力、学术传统及研习者的师承背景、理解视阈等各种因素，当时在佛性的问题上异说纷纭、莫衷一是。其中争论的主要问题是，佛性是本有还是当有？即，既然说一切众生皆有佛性，那么对众生言，佛性是原本就有、只是通过修行将其实现出来呢，还是原本没有、通过修行才获得的？如是前者，则为本有或曰现常；如是后者，则为当有或曰当常。地论学派之所以分为南、北二道，其根本性的分歧就在于此：地论南道主张本有，北道则主张当有。摄论学派北传后，问题变得更为复杂，地论北道因基本立场与摄论学派一致，故逐渐被融入其中；而南道虽然也采用了摄论学派的某些理论资源，却是用以强化其佛性本有的立场。玄奘曾多次谈到，对这一争执的困惑是促使其西行求法的主要动因之一。

南北朝时期影响较大的学派，还有属于小乘的毗昙学派与成实学派。毗昙，新译为"阿毗达磨"，意译为"对法"，通俗地说，它是一种通过对佛教概念的归类、解释、分析而发展出来的理论体系。小乘许多部派都有各自的阿毗达磨，而传入中国的主要是说一切有部的阿毗达磨。六朝时的毗昙学，则以研习法胜的《阿毗昙心论》及法救的《杂阿毗昙心论》为主。后来真谛译出世亲所造之《俱舍论》，这是阿毗达磨的总结性论著，世号"聪明论"，于是旧治《毗昙》者多转习《俱舍》，而毗昙一派亦渐汇入后起之俱舍师。成实学派专弘《成实论》。《成实论》为诃梨跋摩造，后秦弘始十三年至十四年（411—412）鸠摩罗什于长安译出，该论从譬喻师（小乘经量部的前身）立场出发而博引百家之谈，卓然自成一家，由于其思精言巧、体系明晰，且又接近中观三论之学，故译出后风行一时，而尤以南方为盛。

以上就是玄奘西行前中国佛教的大体情势。在他游学时，国内已有智𫖮创立的天台宗、吉藏（549—623）创立的三论宗，不过，玄奘似乎并未受到太大影响。比如，荆州当阳（今湖北省当阳市）玉泉寺是天台宗的主要基地之一，智𫖮曾于隋文帝开皇十三年至十四年（593—594）在此讲《法华玄义》《摩诃止观》等，可是玄奘在荆州期间却并未与天台宗僧有过接触；又如玄奘第一次入长安时，吉藏亦在长安，且其为僧俗所重、颇负盛名，却没有文献显示玄奘曾向其请益。从其所访诸师看，玄奘当时所研习的还是流行于北方的传统佛教，具体包括大乘的涅槃、地论、摄论学，小乘的毗昙、成实、俱舍学等。

就印度佛教本身的历史发展而言，上述各经论原本就分属于不同的体系。比如小乘的《毗昙》《成实》《俱舍》等，汉地研习之，主要是为了解明佛教的术语概念，以之为进入大乘的基础和阶梯，而很少将其作为自己所尊奉的一个独立派别；然而在印度，这些论典恰恰是在部派之争中发展起来的，不仅不同部派对同一问题有不同的理解和解释，就是同一部派由于地域、师承乃至前后时期的不同，亦有相当的异见分歧。《涅槃经》与《地论》《摄论》也不属于同一体系，它们各有其自身的发展脉络与问题意识。也就是说，客观上并不存在一个内在统一、自身周延的印度佛教。而就汉地对上述经论的接受而言，由于翻译传承者在语言能力、文化背景、师承学统、理解视阈等方面的差异，更从主观上加剧了汉地佛教在学理上的歧义和混乱。作为一名虔信的佛教徒，玄奘并不十分认可前者，至少他会认为大乘佛教在终极意义上具有内在的统一性；其所关注并试图解决的还是后者，即翻译传承者造成的人为障碍。因此，他誓志西游、直探其源，并不只是为了解决佛性本有抑或当有的问题，实际上更抱有统一全体佛法的信念与宏愿。而其时玄奘可能已通过外国来人的介绍，知道西土有全本的《十七地论》(即《瑜伽师地论》)，它是一部普摄三乘、通贯全体佛法的论书，这个信息使西行有了具体的目标，从而更坚定了他的决心。

　　中国的西行求法运动肇自曹魏末的朱士行，而在玄奘之前，最著名的西行者是法显。法显，俗姓龚，平阳（今山西省临汾市西南）人。因感慨律藏残缺，法显于后秦弘始元年即东晋隆安三年（399）自长安西行，逾葱岭（今帕米尔高原），历游印度近三十国，后经斯里兰卡浮海东还，于东晋义熙八年（412）返抵山东崂山。此次西行携回的大量经典，后来陆续由法显本人或其他人译出，其中重要的有《摩诃僧祇律》《弥沙塞部五分律》《大般泥洹经》等。法显还将自己的西游行历写成《佛国记》（又名《高僧法显传》《历游天竺记传》）一书，其中保存了许多古代中亚、南亚诸国史地方面的珍贵资料。稍后于玄奘西行的义净（635—713）曾有诗云："晋宋齐梁唐代间，高僧求法离长安。去人成百归无十，后者安知前者难。路远碧天唯冷结，沙河遮日力疲殚。后贤如未谙斯旨，往往将经容易看。"

　　西行求法，并不是坐而论道者所谓的缺乏创造精神，它本承于一种信念，一种为求是、求真而不惮劳苦乃至不惜生命的勇气。很难想象，单凭诸如以老解佛式的"创造性"附会，中国佛教会有波澜壮阔、气象万千的辉煌历史。正是在法显等前辈楷模的感召下，怀抱着统一全体佛法的宏愿，玄奘毅然踏上了西行之途。

第 2 章

杖 策 孤 征

偷 越 国 境

贞观元年（627）二月，大庄严寺慧因（539—627）法师去世。慧因曾被朝廷举为"十大德"之一。他去世后，大庄严寺主持的位置空缺，这时玄奘已擅名京邑，尚书右仆射、宋国公萧瑀（575—648）遂有意奏请其入主大庄严寺。萧瑀乃梁武帝萧衍（464—549）之后，与其先祖一样，在隋末唐初以好佛知名。由当朝权贵的赏识举荐以入主京都名寺，这是许多僧人梦寐以求的飞黄腾达之路，但此时的玄奘已决意西行求法并一直为此做着准备，他心意已定，自然不愿为富贵所动，主动放弃了这次机会。

在唐代，政府为严格控制人口流动，采用了一套相当完善的"过所"制度。所谓"过所"，就是旅行的通行证。当时规定，凡非公务性出行，均需申请过所，持过所经勘验才能出入关津，私度、越度、冒度关津者，将被判处徒刑，而如果偷越国境，性质要比越度内地关津更严重，会被处以二年徒刑。玄奘计划西行，首先必须申请过所。可是，唐初国基未稳，东突厥屡屡寇边，所以西出国境一向在禁止之列，玄奘为此鼓动他人联合上表陈请也未获批准。其他人也就放弃了西行的打算。但玄奘仍不为所动，他一边学习梵文，不断以各种方式锻炼自己的忍耐力和意志力，一边伺机出境。秋八月，因关东、河南与陇右沿边诸州庄稼遭遇霜害，致使关中地区发生饥荒，朝廷下敕，允许僧俗外出就食、自由流动，玄奘于是利用这个机会，"冒越宪章，私往天竺"，开始了他的西行之旅。《西游记》中说玄奘奉唐太宗之旨前往西天取经，还与唐太宗结为兄弟，事实上，玄奘西行根本没有得到官方许可，更不用说能与太宗会面了。

据说玄奘在西行前，曾经做了一个梦，梦见大海中有一座苏迷庐山（旧译"须弥山"，佛教中说它是位于世界中央的高山），山的四面分别为白银、黄金、颇梨、青琉璃四宝所成，极为壮丽。玄奘想要登山，可是海涛汹涌，又无船筏，但他毫不畏惧，跳入海中，忽见石莲花自水中涌出，随步而生，随行而灭。踩着石莲花，玄奘很快过海到达山下，可山势陡峭，难以攀越，玄奘试着纵身一跃，即有旋风疾至，遂得扶摇而上，直达山顶。到了山顶，玄奘举目四望，一片辽阔，再也没有什么东西遮挡自己的视界。无论史料对这个梦的记述是否可信，它至少颇具象征意义，暗示着玄奘西游虽将历经万险，最终却必定取得真经，从而使佛教在汉传过程中形成的种种遮蔽得以去除。

这里需要说明的是，绝大多数玄奘的传记都记载玄奘西行始于贞观三年（629），直到近代，梁启超先生才提出了异议，将这个时间提前到贞观元年（627）。他的主要的依据是，玄奘西行途中，曾于素叶城（即碎叶，今吉尔吉斯斯坦之托克马克附近）遇西突厥叶护可汗，而据史书记载，叶护可汗于贞观二年（628）被其伯父所杀，因此若玄奘是于贞观三年从长安出发，就不可能见到叶护可汗。这个问题自此聚讼纷纭，笔者以为，梁启超先生所提出的证据至今尚无法轻易推翻，本书也还是采用贞观元年说，具体考证可参拙著《玄奘评传》，在此不赘。

贞观元年，在京求学的秦州僧人孝达计划返乡，玄奘于是与他结伴，八月从长安出发，同至秦州（今甘肃省天水市）。在秦州，玄奘又找到旅伴同往兰州（今甘肃省兰州市），约在九月初，复跟随运送官马的队伍抵达凉州（今甘肃省武威市）。凉州是河西走廊上的交通枢纽和军事要塞，那里的西域诸国商人往来不绝。玄奘在此停留一月有余，打探去西域的路径，同时应邀为当地僧俗开讲《涅槃》《摄论》《般若》等经论。没想到，由于讲经大受欢迎，玄奘计划西行求法的事也随之不胫而走，刚上任的凉州都督李大亮听说此事，逼令玄奘返回长安。幸有当地佛教界领袖慧威法师相助，秘遣两个弟子护送玄奘西去。玄奘于是再不敢公开露面，昼伏夜行，终于到达瓜州（今甘肃省瓜州县）。

在瓜州，玄奘受到了刺史独孤达的盛情接待。他在此地又继续打探西行路线，结果得知必须渡瓠芦河、经玉门关、历五烽、过莫贺延碛，方能抵达伊吾（今新疆哈密市）国境。这一串古老的地名究竟指的是什么地方，现在通过对敦煌残卷《沙州都督府图经》卷三的解读和实地考察成果的证实，我们已经有了大概的了解。瓠芦河，自斯坦因以来长期被误认为就是疏勒河，其实它乃是《图经》中提到的"苦水"，其古河道现在已被发现。玉门关在瓜州晋昌县境，是唐朝西部的要塞。玉门关外设有五烽，即五个以烽火台为主体的边防哨所，每烽相距百里，各有士兵守望，五烽周遭全是沙漠，没有水草。根据《图经》的记载，除了最后设置的第五烽（今马莲井）没有专名外，前四烽分别名为新井烽（今沙井子）、广显烽（今白墩子）、乌山烽（今红柳园）、双泉烽（今大泉）。莫贺延碛即今瓜州县马莲井以北、哈密北山以南的戈壁大漠，此地在汉代为匈奴呼衍部落（又译"呼延"，即呼延一姓的来源之一）的领地，"莫贺延"即是"呼衍"的异译。莫贺延碛还有一个名字叫"流沙河"，这个异称被《西游记》采用，不过，它不是小说中的大河，而是茫茫戈壁。从瓠芦河到莫贺延碛，这条路上既有不可穿越的重重天险，又有防守严密的边关哨所，玄奘不知如何是好，不由忧愁万分，而此时他的坐骑又死了，因此在瓜州滞留了一月有余。

不久，凉州的追捕牒文也到了，万幸的是，牒文落在了笃信佛法的州吏李昌手上。在确认了玄奘的身份及西行意图后，李昌深为感佩，他当面撕毁文书，并叮嘱玄奘尽快离开。可是，原先护送玄奘的两个小僧，一个已去了敦煌，另一个不堪长途跋涉，也已被玄奘打发回去，此时便无人可做向导。正怅惘间，有个叫石槃陀的胡人来请求从玄奘受戒，玄奘为之授五戒后，石槃陀许诺愿送其过五烽。次日傍晚，石槃陀依约前来，他还带来一个曾经往返伊吾三十多趟的老翁，意在劝阻玄奘西行。这位老翁谙熟西路，他明言此路纵是大队人马，也屡有迷失，更何况玄奘单独一人，实在是凶险异常。玄奘答道："我为求佛法，发愿西行，不到印度，誓不东还，纵然是途中遭遇不测，也决不后悔！"老翁见玄奘志不可回，就将自己的坐骑送给玄奘。这是一匹又老又瘦的赤色马，已有十五次往返伊吾的经历，不但脚力强健，还是匹识途老马。

玄奘和石槃陀于是连夜出发，行至瓠芦河，在离玉门关十里处渡河过岸，这才解鞍休息。不料人心难测，想到要抛却家小、背井离乡，又是违法越境、处处凶险，石槃陀已不愿再前行。玄奘看到他拔刀而起，慢慢走向自己，又退了回去，疑其意图不轨，马上坐起诵经，念观世音名号，石槃陀见状，只得睡下。次日天明，石槃陀劝玄奘回转，玄奘执意不肯，于是石槃陀拔出刀、取出弓箭，要玄奘走在前面，玄奘已知其意，自不肯从。最后，石槃陀向玄奘挑明了自己不愿西行之意，玄奘于是让他自回，并发誓若自己被官府抓获，决不将其供出，石槃陀才终于打消了加害玄奘的念头，放心离开。

玉门关外，平沙漫漫，玄奘孑然一身，沿着有骨堆、马粪处摸索前进，走了八十余里，终于到达第一烽。他恐怕被驻扎的兵士发现，打算等到夜间再走，不想在烽西取水时连遭箭矢，险些受伤，玄奘知道已经暴露，无奈只好登上烽火台，被兵士带去见驻守校尉王祥。王祥建议玄奘到自己的家乡敦煌弘法，如此就既不追究他的罪责，也不将他遣送回长安。玄奘回答说："我本是洛阳人，年幼时就慕尚佛法，曾遍参两京、吴蜀的名僧宗匠，尽得其学。我那时与他们来往酬答，谈经论道，也算得一时名流，若是追求声望，岂必敦煌？只是我深恨佛典未备、义理有缺，所以才不惜身命、无惧艰危，誓往西方求法。施主不加勉励，一味劝我退回，所谓共弃尘累、同往涅槃的诚意，难道就是这样的吗？如果你要拘留我，那就任凭处置；我是决不会东移一步，违背先前的志愿的。"一番话掷地有声，使王祥大为感动。第二天早上，王祥让人为玄奘备下水和麦饼，又亲自送行十多里。分手时，他指给玄奘一条可直达第四烽的道路，并嘱咐玄奘，第四烽校尉王伯陇是本家亲戚，见面时可说是王祥所派。玄奘当晚就到了第四烽，因为王祥的人情，王伯陇果然没有为难他，还告诉玄奘不必通过第五烽，可直接从此地出发，走一百多里到野马泉，在那里取水后再向前走，就进入莫贺延碛了。

离开第四烽，玄奘继续西进，没想到走出一百多里就迷了路，不仅没找到野马泉，喝水时还不慎打翻了水囊，只好向东折回第四烽。刚走出十多里，他猛然想到："当年我发下誓愿，不到天竺绝不东归一步，现在这是在干什么！我宁愿向西而死，也不归东而生！"于是掉转马头，继续向西北进发。莫贺延碛横亘于瓜州、伊吾之间，长八百余里，上无飞鸟，下无走兽，寸草不生，滴水不流，漫漫黄沙，一片死寂。进入沙漠后，日有狂风卷沙，散如时雨，夜有瀚海鼍楼，聚如鬼魅。玄奘于是默诵《般若心经》与观世音名号，凭借执着的信念与坚定的信仰，克服恐惧，决然前行。

　　《般若心经》在中土共有七个译本，现在通行的本子正是玄奘翻译的。不过这个时候，玄奘讽诵的大概是鸠摩罗什的译本（这个译本的译者尚有争议）。所谓"心"，意为心脏，此处指心要、纲要，因为此经是浓缩《般若经》义的纲要，故名《般若心经》。以玄奘译本计，经文仅有二百六十字。《般若经》则是《般若波罗蜜多经》的简称。般若意为"智慧"，它在这里不是指世俗之智，而是观照"一切法空"的智慧。波罗蜜多意为"完成"，汉地则将其意译为"到彼岸"或"度"。因此，"般若波罗蜜多"就是"智慧的完成"或"以智慧度往（觉悟的）彼岸"之意。《般若经》是最早出现的一类大乘经典。《般若》类经典都以大量的篇幅来赞叹般若的力用，《般若心经》中也说，修行者依于般若波罗蜜多的作用，内心就不再有执着与障碍，由此就不再有恐惧与怖畏，远离种种不真实的见解，从而最终进入完全的涅槃境界。经中最后还将"般若波罗蜜多"视为咒语，因此《心经》是非常契应于一般信仰者的。在恶劣恐怖、不可抗衡的大自然面前，能够给予一个渺小的生命以力量乃至创造奇迹的，无疑正是这种信仰的支撑！

　　就这样，在滴水未进的情况下，玄奘行进于茫茫瀚海，居然熬过了五天四夜，这远远超出了一般生命的极限。谁都知道，缺水是比缺食更为严峻的考验，更何况是在极度干热的沙漠中！到了最后，玄奘口腹干焦，全身虚脱，奄奄一息。他卧在沙中，不断默念观世音，他祈祷菩萨的护佑，实际上也就是将自己的一切都交付给了佛菩萨、交付给了他的信仰。到第五天夜半，忽然有凉风袭来，已处于半昏迷状态的玄奘顿感畅快，眼睛也能看清东西了。他本想稍作休息，可刚一睡着，就梦见一位巨神催促他前行，于是立即挣扎起身，跨马揽辔，勉力向前。刚走出约十里地，他的那匹老马忽然向一条岔路奔去，拉都拉不住，这样不知跑了几里，一片青草地赫然在目，再走几步，又见一潭清水！玄奘于是就在这一小片绿洲边休整一天，人马都恢复了元气。两天之后，玄奘终于走出了八百里流沙，到达第一个西域小国——伊吾。

结 缘 高 昌

伊吾位于今新疆东部的哈密一带。隋末丧乱时，曾一度内属的伊吾转而臣服于突厥，遂与汉地禁断交通，彼此隔绝；直到贞观四年（630），因东突厥败亡，伊吾才举所属七城内附，唐朝遂在其地置西伊州，贞观六年（632）改称伊州。玄奘在贞观元年岁末到达伊吾时，两边已久无往来。玄奘到后，住在一座寺庙里，寺中有三个汉僧，其中一老者闻听玄奘到来，来不及系好衣带，光着脚就跑出来相迎，抱着玄奘大哭道："想不到今天还能见到故乡来人！"玄奘听了也百感交集，唏嘘落泪。这时伊吾王和当地僧人都来拜访，玄奘又被迎入宫中，受到盛情款待。有位高昌国使臣恰在此地，他回国后，就将玄奘到了伊吾的消息报告给高昌王麴文泰，麴文泰当天就派出使者迎请玄奘。

高昌位于今新疆吐鲁番盆地一带，即汉代车师前部故地。5世纪下半叶，来自河陇地区的汉族移民在那里建立了一个小王国，到6世纪初，政权落入麴氏手中。武德六年，也就是高昌重光四年（623），麴文泰继其父伯雅之位成为高昌王，次年改元延寿。这时的高昌由于经历了一次由推行汉服化而引发的政变，已经从繁盛走向衰败了。

内地与西域间的通路，即所谓丝绸之路，在隋唐时代共有北、中、南三道：北道由伊吾逾天山经蒲类海（今新疆巴里坤湖）而直达突厥王庭；中道由高昌经焉耆（今新疆焉耆回族自治县）、龟兹（今新疆库车县）、疏勒（今新疆喀什地区）而西抵葱岭；南道由鄯善（今新疆若羌县）经于阗（今新疆和田县）而行，至于葱岭。与汉代丝路对照，此南道相当于汉代的南道，中道相当于汉代的北道，隋唐时代的北道则是在东汉以后才逐渐开通的。玄奘本拟由伊吾循北道，经西突厥的可汗浮图城（今新疆吉木萨尔县），直奔其王庭所在地千泉（即屏聿，在今吉尔吉斯山脉北麓），寻求统叶护的庇护以顺利抵达印度，但既然高昌王麹文泰来使相邀，盛情难却，玄奘只得西行折入高昌。

玄奘走了六天，到达高昌国境上的白力城（今新疆鄯善县。唐平高昌后，此地置为蒲昌县）时，已是贞观二年（高昌延寿五年）。当时天色已晚，玄奘本打算次日再走，可是城中官吏和使者都请他连夜赶路，玄奘于是在夜间抵达王城（该城位于今新疆吐鲁番市东约四十六公里，遗址尚存）。原来，麹文泰与妻儿当夜不眠，诵经专候。听说玄奘已到，麹文泰下诏大开城门，亲与侍从列烛出迎。玄奘被请到王宫后院的重阁宝帐中，接受高昌王夫妇的礼拜致意，双方谈论到将近拂晓。第二天一早，玄奘尚未起身，麹文泰已经率妃嫔到了门外，前来礼拜请安。用斋后，麹文泰亲自送玄奘到王宫边的道场住下，又命高昌国统（即国内最高僧官）王法师陪伴起居。

原来麹文泰的真实用意是想让玄奘留在高昌。这可能有两方面的考虑，其一，高昌佛教盛行，麹文泰企图通过玄奘的弘法来祈福护国，作为一个在西突厥与大唐的夹缝中求生存的弹丸小国，这种对佛教的实用主义需求尤为迫切；其二，隋大业五年至八年（609—612，高昌延和八年至十一年），麴文泰曾以高昌王子的身份质于隋朝，他利用这段时间游历过两京、河北、山西等地，深受感染，他的理想是仿照中央王朝，建立一个与之类似的独立王国，既不受制于西突厥，亦能与大唐抗礼，所以他希望玄奘能留下来，为实现这个蓝图出谋划策。一开始，麴文泰让王法师在玄奘身边吹风，当过了十几天玄奘坚持要辞行时，文泰只好亲自出马了。

麴文泰先是再次表达了自己的渴慕之情，表示愿供养玄奘终身，并以其为一国之师，玄奘婉谢道："大王的深情厚谊，我实在愧不敢当。然而我此行不为求供养而来，只因悲叹本国佛法不周备，经教有欠缺，内心充满各种疑惑，到处访学却得不到解答，所以舍命前往西方，去求请从未听闻的佛法要旨，使大乘的甘露，不独洒于西方，其微言大义，亦可尽沾于中土。只可让萨陀波仑菩萨（*即长啼菩萨，典出《中品般若》*）的问道之志、善财童子（*典出《华严·入法界品》*）的求友之心日益坚强，岂能使它中途而废？愿您收回挽留之意！"麴文泰听了，态度反而更为坚决，说自己一心要供养玄奘，即便葱岭可以转动，此意亦绝不改变。玄奘只得再次强调，自己西来只为求法，法既未得，岂可中停，并劝导文泰，既为人主，当作佛门依凭，理应支持自己去求法。双方各执己意，互不相让，文泰终于脸色一变，捋起袖子吼道："我另有办法来处置你，哪能想走就走！要么留下来，要么送你回国，你自己考虑吧，还是依从的好！"然而，凡利诱不足以动其心者，威逼亦难夺其志："玄奘为求法而来，如今既然遇到障碍，只有尸骨大王可以留下，灵魂未必能够！"说到这里，玄奘十分激动，哽咽不能复语。麴文泰却依然不从。

此后，麴文泰越发盛情款待玄奘，每次进食时，都亲自捧盘呈进。玄奘无以为计，决定以绝食明志。连续三天，他正襟危坐，滴水不进，到第四天，文泰发现玄奘已气息微弱，终于为他的坚贞所感化，表示任由玄奘西去，不再阻拦。两人遂礼佛为誓，又当着文泰之母张太妃的面结为兄弟。文泰请求玄奘再屈留一月，为高昌君臣讲授《仁王般若经》，又约定他日东归复经此地，玄奘要留住三年接受供养。一场风波，在玄奘的坚持下，终以高昌王的退让了结。这是玄奘的胜利，更是信念、勇气、意志和气节冲决了名利的诱惑与权势的高压的胜利，那些中华民族的精神生命中不绝如缕的东西，一旦激活之，就能如决堤之大河，磅礴而出，无可阻挡。

第三天，麴文泰别开大帐，请玄奘开讲《仁王般若经》。自此每日讲前，文泰都亲持香炉迎请玄奘；玄奘升座，文泰又低跪为蹬，由其踩踏。当然，玄奘在高昌开讲此经，显然也是在曲合文泰的意愿。《仁王般若经》一向被视为一部具有护国禳灾功效的经典，中土历代帝王还常依此经中的《护国品》设仁王法会。实际上，这部经的来源和内容都非常可疑，玄奘在印度留学时，就未曾找到此经的梵文本，因此，现在学界一般认定这是中土的伪作。

一个月下来，经讲完了，麴文泰为玄奘准备的行装也已备好。这套行装包括法衣三十套，用来御寒的面罩、手套、靴袜等若干；黄金一百两，银钱三万，绫、绢等五百匹，以为往返二十年的盘缠；此外又有马三十匹、人力二十五名，并为玄奘剃度了四个小沙弥作为随从，特遣殿中侍御史欢信护送玄奘一行至西突厥王庭。麴文泰又修国书给沿途的屈支（即龟兹）等二十四国国王，每书附大绫一匹作为信物；另作一信给西突厥统叶护可汗，并献上绫绢五百匹、果味两车，请他对玄奘予以关照。值得注意的是，在给统叶护可汗的信中，麴文泰自称为“奴”，据《隋书·突厥传》，这里的“奴”，就是臣下的意思，这就是说，其时高昌是臣服于西突厥的。当时的西突厥，正在统叶护治下“霸有西域”，其势力范围向东至少可到高昌，向西与波斯接壤，向南直抵兴都库什山以南的迦毕试国（今阿富汗喀布尔以北之贝格拉姆城）。麴文泰的引见与厚礼，实际上为玄奘穿越西突厥、进入印度打开了方便之门，正如汤用彤先生所指出的，此乃玄奘能到达印度“最要之一著”，对玄奘来说，这远比丰厚的物资重要得多。

对于麴文泰的厚意，玄奘自是感激，他写下了著名的《谢高昌王启》，一方面再次阐明了其西游的意图与决心，一方面对麴文泰的馈赠与情意表达了由衷的谢意。麴文泰则回答说，既然我们已结为兄弟，国中的一切均共有之，又何必言谢。出发之日，麴文泰与诸僧、大臣、百姓等共送玄奘出城西，文泰复下马相送，出郊邑数十里，才与玄奘挥泪而别。《西游记》杜撰出玄奘与唐太宗结为兄弟并奉诏西行等等情节，或许多少是受到了麴文泰事的启发吧。

可惜的是，此后麴文泰依然按照自己的设想经营高昌，外与唐朝为敌，内以苛政为务，导致民力凋敝，国势日衰。贞观十三年（639，高昌延寿十六年），唐太宗遣交河道行军大总管侯君集出兵高昌，次年，文泰闻唐兵至，惊恐而卒，其子麴智茂（此据《元和姓纂》，他书多作"智盛"，系因避讳改）出降，麴氏高昌遂亡。唐于其地设西州，又置安西都护府，留兵以镇之。玄奘与文泰的三年后约，由此亦成泡影。

横 穿 西 域

玄奘从高昌出发继续西进。这一次他走的路线，基本是沿着隋唐时代的丝路中道，经高昌国的无半城（今新疆吐鲁番市以南）、笃进城（今新疆托克逊县），入阿耆尼国（即焉耆，今新疆焉耆回族自治县）境，过阿父师泉（今阿格布拉克泉），又循银山道，至阿耆尼国都城（汉代称"员渠城"，一般认为即今焉耆县城西南的博格达沁古城）。这条银山道经考古调查，就是现在新疆托克逊县西南的苏巴什沟谷，岑参有诗云："银山峡口风似箭"（《银山碛西馆》），即指此地。银山之得名，据后来玄奘弟子为他做的传记《慈恩传》所述，是因为山多银矿，西域各国铸钱皆赖此。实则此山所产多是云母，云母在日照下银光四射，故名银山。

在银山之西，玄奘一行遭遇盗贼，好在主动给了些财物，盗贼就散去了。当天晚上，他们宿于都城附近的河岸边，有十来个西域商人，一直与玄奘等人结伴而行。这天半夜，商人们贪利，私自先发，哪知才走出十多里，就被盗贼劫杀，无一得脱。等玄奘一行赶到时，只看到商人们的尸首，财物早被洗劫一空，不由大为伤叹。

看到阿耆尼国王城的时候，阿耆尼王与诸大臣已出城来迎，不过，这个国家曾被高昌侵扰，两家素有嫌隙，所以他们不愿为玄奘提供马匹，玄奘也只在城中留住一宿就出发了。

一行人继续向前，渡过孔雀河（此河亦称饮马河，传说东汉班超曾饮马于此，故名），过铁门关（在今新疆库尔勒市北郊），西行七百余里，进入屈支国境。屈支国王苏伐叠（意译"金天"）率群臣及高僧木叉毱多（意译"解脱护"或"解脱藏"）等人在王城（唐称伊逻庐城，即今库车新城西的皮朗故城）东门外，按照龟兹习俗举行了隆重的欢迎仪式。

次日，苏伐叠在宫中宴请玄奘。席上，苏伐叠发现玄奘碰都不碰专为他备下的"三净肉"，只拣其他的菜吃，大为不解。原来，屈支国盛行小乘，依小乘戒律《四分律》《十诵律》等，可以食用"三净肉"，即，一、不见，不见其为我而杀；二、不闻，不闻其为我而杀；三、不疑，无有为我而杀之疑，比如确信是屠家之肉或自死之肉等。若满足上述条件，就是"净肉"，出家人是可以食用的。可是，在大乘经典如《涅槃经》《梵网经》《楞伽经》中，都明确有禁断一切肉食之说。在中土，这一禁忌被梁武帝大为倡导，加之后来依《梵网经》授菩萨戒风气的盛行，素食遂成为僧团生活之定制，且一直延续至今。所以当日玄奘依律不用"三净肉"，并向不明就里的国王作出了解释。

宴会散后，玄奘前往王城西北的阿奢理贰寺（意为"奇特寺"），拜会屈支国第一高僧木叉毱多。毱多曾游学印度二十余年，对声明很有研究。声明大致相当于现代的语言文字学，"明"是智慧、学识的意思，古印度将所有学术分为五大类，叫作"五明"，声明乃是其中之一。木叉毱多只是以客礼接待玄奘，并不认为玄奘有什么佛学造诣，他对玄奘说："《杂心论》《俱舍论》《毗婆沙论》等经典这里都有，学习这些就足够了，不必更向西方求法而备受跋山涉水之艰辛。"玄奘关心的并不是这些小乘说一切有部的经典，他直接问道："这里有《瑜伽师地论》吗？"毱多不客气地回答："何必问这种充满邪见之书？真正的佛弟子是不学此书的。"原来，在印度，大、小乘之间的论争是非常激烈的，大乘将部派贬称为小乘，这里的"小"，实际上有下劣之义；而小乘则以"大乘非佛说论"相对抗，宣称大乘经典并非是佛陀所宣说，甚至乃是魔说，当然，在大乘佛教盛行的中土，这种看法影响极小。玄奘本来非常敬重毱多，听到这话很是不屑，反驳道："《毗婆沙论》《俱舍论》这些典籍本国也有，只是嫌其义理疏浅，非究竟之谈，所以我才西行来求学大乘的《瑜伽论》。况且《瑜伽论》是未来佛弥勒菩萨所说，你说它是邪书，难道不怕堕入无底地狱吗？"小乘学者虽也认同弥勒菩萨为未来佛，却绝不会承认《瑜伽论》是其所说，不过，木叉毱多并没有再在此问题上纠缠，而是转换了话题："你还没有弄明白《毗婆沙论》这些经典，怎么就能说不高深呢？"玄奘反问道："您能完全明白吗？"木叉毱多对此还是有信心的，回答说："我能完全明白。"于是玄奘引用《俱舍论》的开头部分发问，结果毱多开口即错，玄奘继续发难，问得毱多脸色都变了，只好说："你再问问其他的地方！"可是换一段落，他还是讲不通，干脆说："《俱舍论》中没有这段文字。"当时出家为僧的王叔智月也在一旁，他证明论中确有此文，并拿出经书来指给大家看。木叉毱多羞愧到了极点，只能自嘲说："年纪大了，记不清了。"玄奘再以其他经典相问，他也没说出什么高见。现在看来，作为熟稔说一切有部经典的屈支国第一高僧，木叉毱多是否真的如此不堪一击，似乎不无疑问；但不管怎样，在这出国后的第一次论辩中，玄奘可以说是大获全胜了。

由于冰雪封山、道路未开，玄奘在屈支国停留了六十多天，其间亦不免与木叉毱多有接触，木叉毱多再也不敢自大，对玄奘甚为敬让，他私下对人说："这个支那僧人不易对付，在印度也未必找得到有这样水平的年轻人。""支那"又作"脂那""至那"等，系梵文音译。拟汉语"秦"字之音而来，也就是古印度人以"秦"指称中国。近代以后使用支那一词往往带有贬义色彩，但这在当时是没有的。离开屈支国之时，国王给玄奘拨付了劳力、驼马等，并率领群臣、众僧等出城相送。

一行人马又踏上征途。走了两天，突然来了两千多突厥骑寇，好在这些强盗在动手前先集体计划如何分赃，结果自己和自己打了起来，玄奘一行才找到机会侥幸逃脱。他们又向前走出六百余里，经过一小片沙碛，到了跋禄迦国（即姑墨，今新疆阿克苏市）。复向西北行进三百余里，来到凌山（即今新疆乌什县城西北的别迭里山口，在天山最高峰托木尔峰西侧，唐称拔达岭，是古丝绸之路上的重要通道之一），只见山口两侧冰山耸立，地势险峻，积雪漫道，寒风凛冽，玄奘一行由极为陡峭的南坡而入，白天攀援悬崖，夜间席冰而寝，历时七天跋涉，终于走出此山。经过这次历险，随从中冻死饿死者十有三四，牛马死得更多，损失甚为惨重。此后，玄奘也就离开中道，进入天山以北，用今天的疆域划分，也就是走出中国国境而进入了吉尔吉斯斯坦。

玄奘不由中道经疏勒西行而北逾天山，目的还是在于直入西突厥王庭以寻求统叶护的庇护，因为当时大雪山（今兴都库什山）以北的西域诸国，都是西突厥的势力范围。出天山后，玄奘又沿大清池（又名热海，因其湖水常年不冻，故名。即今吉尔吉斯斯坦之伊塞克湖）西北走了五百多里，到达素叶城（即后来曾一度为唐安西四镇之一的碎叶，今吉尔吉斯斯坦之托克马克西南的阿克别西姆城），得遇正在那里游猎的统叶护可汗。

西突厥本信拜火教（亦称祆教或火祆教），也就是公元前6世纪创始于波斯的琐罗亚斯德教。3世纪起，波斯萨珊王朝将其确立为国教，由此遂广泛流行于中亚各地，南北朝至隋唐时代也曾传入中国内地。琐罗亚斯德教主善恶二元，认为善与光明之神阿胡拉·马兹达终将战胜恶与黑暗之神阿赫里曼，涤荡一切尘世间的邪恶，人之灵魂也会在"世界末日到来之时"受到最后审判，或则因其善思、善言、善行而"在天国享受阿胡拉的恩典和光辉"，或则反之而"跌落阿赫里曼黑暗的地狱"（《阿维斯塔》）。这些教义与佛教可以说是格格不入的。然而，统叶护见到玄奘还是盛情相待。这里恐怕有三个原因：一是高昌王麴文泰的介绍特别是随附的丰厚献礼，他备下的那份多于常年数倍的贡献，甚至让统叶护坚信玄奘就是麴文泰的胞弟；二是武德年间，曾有中天竺僧波罗颇迦罗蜜多罗（565—633，意译"明友"）游化此地，统叶护对他深为信服，故统叶护虽未膺佛法，但至少也无甚反感；三是唐初以来，政府对东、西突厥的政策，一直沿用隋代长孙晟提出的"远交而近攻"之法，西突厥正是怀柔的对象，所以统叶护在位时，西突厥基本也是倾向于唐朝的，因此他也不太会难为玄奘。

三天以后，结束游猎的统叶护可汗在大帐中正式接见玄奘。拜火教认为木器含火，为免亵渎，西突厥直接在地上设垫而坐，而不使用木制坐具。为示尊重，统叶护专门为玄奘准备了铁交床，上铺坐垫，请其入座。设宴款待后，玄奘也被邀请说法，他于是讲了世间善行即所谓"十善道"以及解脱生死等粗浅佛理，统叶护表示信受。停留数日后，统叶护劝玄奘留下，说："您不要去印度了，那里天气炎热，十月就像这里的五月一般，看您的相貌，到那里怕是会被烤融了。而且那儿的人赤身露体，长得又黑，无威仪可言，不值得一看。"玄奘回答道："我到那里，只是为了瞻仰圣迹、求取佛法。"统叶护见玄奘态度坚决，亦不勉强，在军中找了一个兼通汉语和西域诸国语言的年轻人，让他带上国书，送玄奘一直到迦毕试国，那也是西突厥势力范围的边界。统叶护又赠玄奘法衣一件、绢五十匹，出发之日，与群臣相送至十余里外，方才作别。

正是由于统叶护的庇护，此后玄奘一路上都比较顺利。从素叶城西行，经千泉、呾逻私城（今哈萨克斯坦东南之江布尔）、白水城（今哈萨克斯坦之希姆肯特以东的赛拉姆）、恭御城、笯赤建国，接着进入昭武九姓国的范围（昭武九姓国是5至8世纪位于中亚阿姆河、锡尔河流域几个粟特王国的总称），经过了其中的赭时国（即石国，今乌兹别克斯坦之塔什干）、窣堵利瑟那国（即东曹，今乌兹别克斯坦之乌拉秋别），然后到达飒秣建国。

飒秣建国（今乌兹别克斯坦之撒马尔罕）即康国，为昭武九姓国之宗主，华严宗的实际创始人法藏（643—712）即是该国人。玄奘到时，其地亦盛行拜火教，国内倒是有两座佛寺，里面却没有僧人，如果有过往客僧想来投宿，拜火教徒就用火烧驱逐之，因为在他们的心目中，佛教属黑暗、邪恶的一方，而火象征着光明与善。一行人在此遭到了前所未有的冷遇，于是玄奘向国王宣说因果报应、佛法功德，国王果然改变了态度，高兴地受了斋戒，对玄奘极为敬重。跟随玄奘的两个小沙弥去寺中礼拜，拜火教徒依旧用火烧驱逐，国王既已受玄奘感化，遂下令逮捕放火者，又召集百姓，要当众剁去他们的双手。玄奘心怀慈悲，不忍见人肢体被毁，劝说国王免去此刑，国王就将他们鞭挞之后逐出了都城。据说这里从此之后举国上下都改信了佛教，这个说法或许有所夸大，不过玄奘以个人的学养与风范力挫外道而推动了佛教的传播，应该是一个不争的事实。

离开飒秣建国，再经羯霜那国（即史国，今乌兹别克斯坦之沙赫里萨布兹），玄奘一行来到铁门（即今乌兹别克斯坦之沙赫里萨布兹以南九十公里的布兹嘎拉山口，为帕米尔高原的险要隘口）。铁门本为西突厥南界，不过，此时铁门以南的睹货罗（旧译"吐火罗"，今阿富汗北部兴都库什山与阿姆河上游之间）全境也已为统叶护控制了。睹货罗这一地方，中国古称大夏，即希腊殖民者建立的巴克特里亚王国，其国于公元前 2 世纪中叶为西迁的大月氏人所征服。渡过缚刍河（今阿姆河上游支流瓦赫什河），进入活国（今阿富汗之昆都士），玄奘拜会了统叶护长子、高昌王妹婿呾度设（"设"是突厥官名，乃统率一部的最高长官）。由于统叶护、高昌王的双重关系，正罹丧妻、患病之痛的呾度设激动异常，表示病好后要亲送玄奘至印度。孰料时隔不久，他就在一场宫廷政变中被谋杀。因逢丧事，玄奘不得不在此滞留月余。

此地有一位名叫达摩僧伽（意译"法众"）的高僧，曾经游学印度，被葱岭以西诸国推崇为宗师，据说葱岭以东疏勒、于阗等地来的僧人，都没有敢与他对谈的。玄奘想要了解这人学问的深浅，就请人去问他能通几部经论，达摩的弟子们闻之大怒，达摩倒不以为意，笑着说："我全都能解，你可以随意发问。"玄奘知道他不修学大乘，就从小乘的《毗婆沙论》等论书中提了几个问题，达摩都没有什么精到的见解，于是对玄奘深为叹服，逢人便称赞不已，说自己远不能及。

玄奘本来计划由此地直接南下去印度，可刚继位的新设却建议他去属下的缚喝国（今阿富汗之巴尔赫）一行，并介绍说，该国是大雪山以北的佛教中心，号称"小王舍城"，有诸多圣迹可以瞻礼，玄奘于是接受了这个建议。缚喝国之地原是大夏的都城所在，那时名叫巴克特拉，汉称蓝氏城。此地自古即享有盛名，贵霜王朝时期，小乘佛教开始盛行。此城外西南方有一座纳缚伽蓝（意为"新"），藏有佛澡罐、佛牙、佛扫帚三件圣物，每逢六斋日即取出供养。玄奘来此寺瞻礼圣迹时，遇到了来自磔迦国（今旁遮普地区）的小乘三藏般若羯罗（意译"慧性"），玄奘遂停留月余，与之共同研习《毗婆沙论》。"毗婆沙"是梵文音译，意为广说、广释，是指对佛典（主要是律、论）的注释书。小乘诸部大多有各自的毗婆沙，玄奘此时接触的是说一切有部的毗婆沙，就是后来他译出的《大毗婆沙论》二百卷（在玄奘之前，此论亦有两种汉译本，但均不完备）。当时寺中还有两个颇有名气的小乘三藏，一个名达摩毕利（意译"法爱"），一个名达摩羯罗（意译"法性"），两人亦敬重玄奘，往来甚密。

在应锐秣陀、胡寔健两国国王邀请前往作短暂访问后，玄奘从缚喝国南行，与般若羯罗相伴，经由揭职国，东南进入大雪山。大雪山增冰峨峨，飞雪千里，气候环境之恶劣，远在凌山、沙碛之上。经过艰苦跋涉，山行六百余里，他们终于走出睹货罗境，到达梵衍那国的都城（今阿富汗之巴米扬）。梵衍那国王亦亲自出迎，并将玄奘请入宫中供养。该国有大众部僧阿梨耶驮娑（意译"圣使"）、阿梨耶斯那（意译"圣军"），二人对玄奘十分敬仰，引领他到各处瞻仰圣迹。梵衍那王城东北有两尊立佛像，据玄奘记载，一尊高一百四五十尺，一尊高一百余尺，这就是著名的巴米扬大佛。根据实地测定，两尊大佛分别高五十五米、三十七米，它们曾是世界上最大的立佛像（我国四川的乐山大佛虽高达七十一米，但为坐佛像），可惜在2001年3月为阿富汗塔利班政权所炸毁。在此停留十五天后，玄奘离开梵衍那国，经猎人指路，到达迦毕试国（今阿富汗喀布尔以北之贝格拉姆城），这里正是西突厥势力范围的边界，统叶护派给玄奘的护从，也就在这里与他作别了。

迦毕试国王城东有一座小乘寺院名叫沙落迦。据说，贵霜迦腻色迦王在位时（笔者认为在公元2世纪，相当于中国东汉时期），其王朝势力曾远达葱岭以东，当时河西某国的一位王子作为贵霜人质被送到这里，他于是建了这座寺院作为夏季居处。至于"沙落迦"之名，有的学者认为，它是"疏勒"（沙勒）的音译，那个质子就是东汉安帝时期的疏勒王的舅父；也有学者认为，"沙落迦"是"洛"的对译，指的是洛阳。此外，还有一个更有趣的传说，说桃与梨就是由这个质子带到印度的，所以桃被称为"至那你"，意为"中国传来的"，梨被称为"至那罗阇弗呾逻"，意为"中国王子"。

般若羯罗是小乘学人，不喜住大乘寺，沙落迦正是座小乘寺，再加上它与中国的因缘，玄奘二人都愿意在此暂住。这寺院东门南边，在大神王像的右脚下，埋有大量珍宝，据说是当年质子造寺时所藏，为备日后修缮寺院之用。过去曾有个贪婪的国王想要得到这批宝藏，带人前来挖掘，神王冠帽上的鹦鹉像忽然振翅惊叫，大地亦为之震动，国王和掘宝的军士被吓得昏了过去，醒来后抱头鼠窜。后来寺中塔上的相轮（即承露盘）坏了，寺僧想取宝修缮，大地还是震吼不已，众人都不敢接近。玄奘到来后，寺僧以此事相告，于是玄奘率众僧同到神像前，焚香禀告取宝修缮之意，并言愿亲为监督，确保物尽其用，不使浪费。然后再开启宝藏，果然平安无事，众人都惊叹不已。

这一年，玄奘就在此寺中坐夏。其间又被迦毕试王邀往一座大乘寺中讲法五天，来听讲的有大乘三藏秣奴若瞿沙（意译"如意声"）、说一切有部僧阿黎耶伐摩（意译"圣胄"）、化地部僧求那跋陀（意译"德贤"）等，这三个人各是当地的一部之首。不过，玄奘备悉诸部，随其所问，都能一一以其部教义作答，众皆大为折服。夏安居结束后，般若羯罗被睹货罗王请回。玄奘则东行六百余里，越黑岭，终于在贞观二年夏末秋初之时进入北印度境。

进入印度

对于南亚次大陆地区，中国古代曾有多种不同的称呼，常见的有"身毒""天竺""贤豆"等，玄奘则使用了"印度"一词，这个译名也一直沿用至今。

古印度文明发端于五千年前，因此人们也将印度列为世界四大文明古国之一。然而在古代，这里实际上从来没有出现过一个真正统一的国家。玄奘到印度时，正当戒日王曷利沙伐弹那（意译"喜增"，略称曷利沙，606—647在位）称霸北印度的时期。戒日王本为萨他泥湿伐罗国（在恒河支流亚穆纳河上游）国王，此时已为羯若鞠阇国国王并定都于曲女城（今印度北方邦之根瑙杰）。曷利沙的势力范围，西起旁遮普，东至奥里萨北部，北起喜马拉雅山脉，南至讷尔默达河岸，近乎可与4至5世纪崛起的笈多王朝相媲美。不过在南方，他却遇到了强劲的对手，为摩诃刺侘国（今印度之马哈拉施特拉邦）遮娄其王朝的补罗稽舍二世（610—642在位）所败，从此未能南向。玄奘虽然在《西域记》中极为谨慎地提及了此事，却又说，戒日王"于六年中，臣五印度，……垂三十年，兵戈不起"，这显然是夸大其词了。在宗教文化政策上，虽然戒日王原本是印度教湿婆派信徒，对佛教却并不排斥，而且同样热心支持，这可以从下述玄奘与之交往的几件事情中得到佐证。

贞观二年夏末秋初，玄奘越黑岭，经中亚地区进入北印度境。印度全局自古即被划分为东、西、南、北、中五个部分，称为五天竺、五印度，简称五天（竺）、五印。其中北印度，大致就是指印度河上游地区。由滥波国（今阿富汗之拉格曼省）渡喀布尔河，玄奘来到那揭罗曷国（今阿富汗之贾拉拉巴德）境。该国国都相传是过去佛燃灯佛（又译"灯光佛"）出家前所王之地。也就是在此处，燃灯佛为释迦牟尼前生授记（即预言其将成佛），故名灯光城（音译"提婆跋提"）。灯光城东南三十余里是醯罗城，此城因藏有佛顶骨舍利，又名佛顶骨城。据说如果将香磨为粉末状，以绢帛裹之，在佛顶骨上轻轻一按，就会出现各种不同的印痕，并可以此预占吉凶。玄奘到这里后，也如法而试，所得者竟为菩提树像，守护舍利的僧人向玄奘道贺说："这太难得了，足以表明你有获得菩提之智的缘分！"

在灯光城西南二十余里，有传说中瞿波罗龙王所居之洞窟，佛陀曾降伏此龙王并留有佛影。玄奘闻之，欲往礼拜，只是此去路途荒凉，又多有盗贼出没，没人敢陪他同去，玄奘于是决定独往。到灯光城后，终于有一个认路的老人愿为引领，不想两人走出几里后，果然有五名盗贼提刀而至。玄奘不慌不忙地取下帽子、露出袈裟，盗贼见是僧人，就问：
"师父想去哪里呢？"玄奘回答道："想去礼拜佛影。"盗贼
略感诧异，又问："您难道没听说路上有盗贼吗？"玄奘镇定
地回答说："盗贼也还是人啊，我为了礼拜佛影，即便路上
全是猛兽，也无所畏惧，更何况你们是人！"五名盗贼闻听
此言，深为感动，于是决定随玄奘一同去礼拜佛影。

到了佛影窟，按照老人的指点，玄奘找到了能见到佛影
的最佳位置，于是站定行礼，可百余拜后，那里仍只有黑漆
漆的一片，什么都看不到。玄奘觉得这是自己业障深重的缘
故，不由悲伤懊恼，于是诚心诵经礼拜。又一百余拜后，在
东壁上开始出现了如僧钵大小的亮光，但是一下子就消失
了。玄奘继续礼拜，直到再二百余拜后，全窟顿时一片通
明，东壁上赫然出现了佛影，除莲花座以下稍暗外，佛影明
亮清晰，佛之左右与背后还有菩萨、圣僧等影。玄奘激动万
分，急忙喊窟外的老人和五名盗贼举火进来烧香。不料火把
一到，佛影马上就消失了，玄奘急忙让把火灭掉，再请佛
影，佛影又重新出现。除一名盗贼外，大家都见到了佛影。
五名盗贼也都发心悔过，毁弃兵刃，受戒而别。此前法显去
印度时，也曾在佛影窟见到佛影，据现代日本学者实地考
察，这可能是由于洞窟幽深，且有缝隙透入少量光线，当光
线照在有水滴滴下的洞窟内壁上时，就会形成一种光线反射

作用。

离开灯光城，玄奘又继续向东南山行五百余里，来到犍陀罗国王城布路沙布逻（即"富楼沙"，今巴基斯坦之白沙瓦）。这里曾是迦腻色迦王时代贵霜王朝的统治中心。公元前2世纪中叶，原居中国西北部的大月氏人因被匈奴所败而西迁至阿姆河一带，他们征服了阿姆河南为希腊殖民者所统治的大夏。公元1世纪，在这一地区建立了贵霜王朝，到公元2世纪迦腻色迦王在位时，贵霜王朝进入了它的全盛期，成为一个横跨中亚和北印的大帝国，并迁都于富楼沙。迦腻色迦王是佛教史上继孔雀王朝的阿育王后的又一著名护法王，他曾有力地推动了佛教的发展与向外传播。公元前4世纪亚历山大东侵，把希腊化的影响带到了这里，贵霜王朝建立后，开始仿照希腊神像创作大量具有希腊、罗马艺术风格的佛像作品，这就是著名的犍陀罗艺术。随着佛教的传播，犍陀罗艺术也经由西域而传入了中国内地。迦腻色迦王去世后，特别在公元3世纪初波斯萨珊王朝崛起后，贵霜王朝急剧衰落，不过犍陀罗依然还是西北印佛教的中心之一。有许多著名的佛教论师都出生于此，如开创了大乘瑜伽行派的无著、世亲兄弟，《杂心论》的作者法救，世亲的师父如意，相传建议迦腻色迦王发起佛教第四次结集的胁尊者，等等。许多重要的佛教论书也在此地产生，如世亲的

《俱舍论》，如意的《毗婆沙论》（并非后来玄奘译为二百卷的说一切有部《大毗婆沙论》，此论具体情况不详），世友的《品类足论》，法救的《杂心论》，自在的《明灯论》（其人及书均不详，据说梵文残本有可能被收藏于北京民族图书馆），等等。该国还是古印度最杰出的文法学家波你尼的故乡，他所撰写的《八章书》（俗称《波你尼经》）奠定了梵文文法学的基础，"五明"中所谓的声明学就是以此为根本。然而，在玄奘到达的 7 世纪初，此地伽蓝荒废，人们多崇信外道，早已没有当年的气象了。

玄奘依次行经布路沙布逻城、布色羯逻伐底城、跋虏沙城、乌铎迦汉茶城，沿途参拜了迦腻色迦王所建的大塔和其他众多佛教遗迹。迦腻色迦王所建大塔在布路沙布逻城外东南八九里，即《宋云行记》（《洛阳伽蓝记》卷五）中称为"西域浮屠，最为第一"的"雀离浮屠"。据玄奘记载，此塔高四百尺，塔基周长一里半，上有二十五层金铜相轮，迦腻色迦王曾将一斛（即十斗）佛舍利置于其中供养。20 世纪初，考古学家对塔基进行了发掘，当时有舍利容器等遗存出土；又经测定，塔基直径约为八十七米，其规模之大，令人惊叹。

玄奘沿乌仗那国（即乌苌，今巴基斯坦之斯瓦特地区）、呾叉始罗国（今巴基斯坦之拉瓦尔品第附近）、乌刺尸国

（今巴基斯坦之哈扎拉地区）一路东行，并随处巡礼圣迹，约在贞观二年岁末抵达迦湿弥罗国（今克什米尔一带）。早在西汉武帝时，迦湿弥罗就与我国有使节往来，不过在隋唐以前，它一直被称为罽宾。这个国家与犍陀罗同为西北印佛教的中心，其境内尤其盛行说一切有部之学。据汉地相传，由胁尊者提议，在迦腻色迦王的护持下，以世友为首的五百高僧曾于迦湿弥罗举行了佛教史上的第四次结集，结集成的论藏即是《大毗婆沙论》。结集是合诵的意思，即集合众僧，诵出佛教经典，共同审定并予以编次，其目的在于统一佛教教义、维护僧团内部团结。佛教史上著名的结集有四次，其中第三次结集仅见于南传佛教，而第四次结集在印度诸论书及南传佛教中均未有记载。实际上，《大毗婆沙论》的集成是在迦腻色迦王之后，这在论中就有明文，所谓第四次结集之说似乎颇难采信。

原来，约公元前 2 世纪中叶，迦多衍尼子造了《发智论》，即玄奘出国前曾学习过的《八犍度论》（此为玄奘之前的异译本），确立了说一切有部阿毗达磨的基本教义。其后研习《发智论》者日众，出现了各种不同的解说，迦湿弥罗的有部论师对这些不同的说法予以精审的分别辨析，而后确立了自己的观点并以之为正统，由此集体编撰了对《发智论》的解释《大毗婆沙论》，其团体亦因之被称为毗婆沙师，这实际上有评破百家、会归一统的意味。相对于迦湿弥罗有部师的谨严保守，犍陀罗有部师如胁尊者、法救等则倾向于自由开放的学风，后来同样来自犍陀罗的世亲就从经量部的立场来批判、改造《大毗婆沙论》的教义，撰写了《俱舍论》。而作为对《俱舍论》的反击，迦湿弥罗的众贤又撰写了《顺正理论》。正是通过这些辩论，说一切有部的教义得到了精深、长足的发展，而以犍陀罗、迦湿弥罗为中心的西北印也因此成为该部的重镇。然而在玄奘入印时，犍陀罗佛教衰败，有部学者已集于迦湿弥罗。

　　玄奘一到迦湿弥罗国境，国王（据传为杜尔罗跋·伐尔檀那）即遣其母弟来迎，数日后至王城拔逻勿逻布逻城（今克什米尔之斯利那加），国王亲率道俗一千余人，迎玄奘住于阇耶因陀罗寺。次日，又请玄奘入宫中供养，并派二十人帮他抄写经书，五人供其差使，一切所需均由国家供给。该国有僧称（一作"僧胜"）法师，德高望重，持戒谨严，学识渊博，才华横溢，虽年近七十，因爱重玄奘之才，不顾年老体衰，勉力为其开讲诸论，午前讲《俱舍论》，午后讲《顺正理论》，晚上则讲因明与声明。因明亦为"五明"之一，约略相当于现代的逻辑学。其时国内学者也都前来听讲，群贤汇集一堂。玄奘随其所说而领悟无遗，尽得其奥，僧称法师赞叹不已，说："这个从支那来的僧人才智超人，座中学者无人能及，凭他的聪颖，足以承继无著、世亲兄弟之风，只可惜生于远国，不能早点来接续圣贤的遗教。”同来听讲的有很多高僧，如大乘学僧毗戍陀僧诃（意译“净师子”）、辰那饭荼（意译“最胜亲”），说一切有部学僧苏伽蜜多罗（意译“如来友”）、婆苏蜜多罗（意译“世友”），大众部学僧苏利耶提婆（意译“日天”）、辰那呾逻多（意译“最胜救”）等，见僧称法师如此称赞玄奘，一开始还很不服气，经与玄奘往返辩论后，一个个都心悦诚服。

玄奘在迦湿弥罗大约学习了半年时间，于贞观三年秋离开，向中印度进发。经半笯嗟国（今克什米尔之本杰）、曷逻阇补罗国（今克什米尔之拉焦里），来到磔迦国（今旁遮普地区）。在该国的波罗奢（意译“赤花树”）大森林中，突然遭遇五十余名盗贼，他们不但把玄奘一行所带的衣物全部劫去，还将他们驱赶到路南一个干涸的池塘边，意欲杀人灭口。池内荆棘丛生，与玄奘同来的一个小沙弥透过荆棘丛，意外地发现池塘南岸有一水洞，可容一人通过，于是偷偷告诉了玄奘，两人乘盗贼不备，赶紧从此处逃离，向东南奔出二三里，遇到一个正在耕地的婆罗门，由其相助，迅速吹螺从村里召集起八十余人，赶走盗贼，救出了其余同伴。因为衣物被劫、死里逃生，大家都悲戚不已，唯独玄奘面无忧色，谈笑自如，并劝慰大家说：“人最宝贵的是生命，生命既然还在，又有什么可担忧的呢？所以我国有一部书上说：'天地之大宝曰生。'（《周易·系辞下》云：'天地之大德曰生，圣人之大宝曰位。'玄奘所记略有错讹。）生命既在，大宝未失。小小的一些衣物，又何足忧虑吝惜？"大家这才有所感悟而渐以释怀。

次日，在磔迦国东境的大庵罗林（即柽果林）里，玄奘遇到一位老婆罗门，自称为龙树弟子，年已近七百，但他看上去就像三十多岁。此人不仅精于《中论》《百论》等，还通婆罗门教的经典《吠陀》等书。他有两个侍从，也都一百多岁了。听说玄奘一行昨日被劫，老婆罗门就派一侍者进城去募化。磔迦国人多信印度教，信佛教的很少，不过，由于玄奘在迦湿弥罗国时已声名远扬，所以还是有三百多名绿林豪杰送来了布匹和食物。玄奘为他们祝福，并宣讲了因果报应等，三百多人皆洗心革面、弃邪归正。玄奘在这里停留了一个月，跟随老婆罗门学习《经百论》（此论未详）、《广百论》。《广百论》是提婆所造的广破外道、小乘之作，护法并撰有释论。后来还由此衍生出一个传说，说玄奘遇到的老婆罗门就是龙树，他要玄奘先服药以求得长生，然后再向他学法，如此才能够最终学完，玄奘担心仙术没成，反倒有违其求法的凤愿，所以没有学龙树一系的中观而后来学了法相唯识。这一传说显然荒诞无稽，不过教内教外都还是有人相信并记载了下来。

　　玄奘又东行五百余里，进入至那仆底国（一说即今印度旁遮普邦之菲罗兹布尔）。"至那仆底"意为"中国封地"，此国即前述迦腻色迦王在位时那位作为人质的西域王子冬季所居之地，其所来自的西域国当为中国之属国，故以"中国封地"为此国之国号。在该国突舍萨那寺（乐授寺），玄奘用了四个月的时间向调伏光学习了《对法论》《显宗论》与《理门论》等。调伏光原为北印度王子，撰有《五蕴论释》《唯识三十论释》等著作。《对法论》即《阿毗达磨杂集论》，是无著所撰《阿毗达磨集论》和他的弟子觉师子所撰注疏的糅合本；《显宗论》是众贤摘录自己的《顺正理论》的要义而成；《理门论》即陈那所撰《因明正理门论》，是他前期因明学的代表性论著。

　　离开至那仆底国后，玄奘到达阇烂达罗国（今印度旁遮普邦之贾朗达尔）的那伽罗驮那寺，又花了四个月时间从月胄学习了《众事分毗婆沙》。《众事分毗婆沙》是众贤之师悟入所造，所谓《众事分》，指《品类足论》，《众事分毗婆沙》应当就是对《品类足论》的广释，不过此论已经亡佚，其具体情况不详（有人认为即现存悟入所造之《入阿毗达磨论》二卷，当非是）。离开此地后，玄奘又经屈露多国（今印度喜马偕尔邦之冈格拉）、设多图庐国（今印度西北萨特累季河流域），最后进入中印度。

所谓中印度，大致是指喜马拉雅山脉与温德亚山脉之间的恒河上游及中游流域。玄奘先由波理夜呾罗国（今印度拉贾斯坦邦之斋浦尔以北的拜拉特）到秣菟罗国（旧或译"摩突罗"，今印度北方邦之马图拉），在此瞻礼了佛弟子及诸菩萨的遗身宝塔，再经萨他泥湿伐罗国（在恒河支流亚穆纳河上游），于贞观四年秋末冬初到达窣禄勤那国（一说在今印度哈里亚纳邦之杰加特里附近）。玄奘在这里住了一冬半春，听阇耶毱多（意译"胜藏"或"胜护"）讲经部《毗婆沙》。如前所述，小乘诸部派大多有各自的"毗婆沙"，阇耶毱多所讲是经部即经量部的"毗婆沙"，它是经量部的集大成者室利逻多（意译"胜受"）所造，与说一切有部的《发智论》《大毗婆沙论》无关。室利逻多约与世亲、众贤同时而年辈在前，故在世亲、众贤的论书中多被尊称为"上座"。

贞观五年（631）春初，玄奘到达秣底补罗国（今印度北方邦之赫尔德瓦尔附近），跟从德光（音译"瞿拏钵剌婆"）的弟子、年已九十的蜜多斯那（意译"友军"）学习说一切有部《辩真论》（《怛埵三弟铄论》）及《随发智论》等，历时半春一夏。德光原为世亲弟子，后来却放弃大乘，改学小乘说一切有部，并精于律学，他就在此国撰写了《辩真

063

论》（或作《集真论》）二万五千颂。至于《随发智论》的具体情况则不可确知。离开此地，玄奘经婆罗吸摩补罗国（今印度北安查尔邦之加瓦尔和库蒙地区）、亚醯掣呾逻国（今印度北方邦之罗希尔坎德东部）、毗罗删拏国（一说在今印度北方邦之埃塔）、劫比他国（今印度北方邦之法鲁卡巴德）而至羯若鞠阇国。羯若鞠阇国即戒日王所王之国。这是玄奘第一次途经此国，他此次并未与戒日王会面，只在跋达逻毗诃罗寺住了三个月，跟随毗离耶犀那（意译"精进军"）三藏学习佛使（《西域记》译作"觉使"）所造的《毗婆沙》、日胄所造的《毗婆沙》（佛使所造《毗婆沙》属说一切有部，其余均不详），然后离开此地，前往阿逾陀国（一说在今印度北方邦之法塔赫布尔）。

阿逾陀国为无著、世亲兄弟造论传教之处。相传无著夜间上升睹史多天（旧译"兜率天"，为欲界六天之第四天，其内院乃未来佛弥勒菩萨所居之净土，所谓"弥勒净土"），从弥勒菩萨听受《瑜伽师地论》等，白天就在阿逾陀国的讲堂中为大众宣讲。所谓上升睹史多天见弥勒，实际上是一种禅定中的体验，不必作其他无谓的解释。世亲原本在小乘说一切有部出家，所造《俱舍论》也还是从小乘经量部的立场来批判、改造有部毗婆沙师的教义。后来世亲从北印度到阿逾陀国，其兄无著为引导其改信大乘，遣门人将世亲迎入一寺院中并于夜晚在窗外诵《十地经》，世亲闻听此经，当下就深有感悟，对先前曾诽谤大乘颇为追悔，而诽谤之罪过，根源在舌，于是决定割舌以谢罪。无著制止他说，割舌并不是真正的悔悟，以前以舌诽谤大乘，现在正可以舌赞颂大乘，割舌又有什么用呢？就这样，世亲听从了无著的劝告，在这座阿逾陀国的寺院中改信了大乘。

玄奘在阿逾陀国礼毕圣迹，即顺殑伽河东下。殑伽河两岸是茂密的阿输伽林（意译"无忧树"），船行途中，忽然从两岸林荫深处各驶出贼船十余艘，逼迫玄奘所乘的船靠岸，而后令其脱衣接受搜身，于是所有财物又被洗劫一空。这伙盗贼是信奉突伽天神的印度教徒。突伽，意译"难近母"，传为印度教三大主神之一湿婆的妻子。信奉突伽天神者实际上就是印度教湿婆派中的性力派，轮座礼拜（即男女杂交）与人身献祭被他们认为是最为有效的修行方式。盗贼见玄奘容貌端庄魁伟，想拿他做例行秋祭的人牲，就在树林中筑起了祭坛，准备开刀。令盗贼惊异的是，自知无法幸免的玄奘面无惧色，坦然对盗贼说："请给我一点时间吧，不要逼得我心头烦恼，让我能够安心就死。"接着开始一心专念弥勒菩萨，愿死后能往生弥勒净土，从弥勒菩萨学《瑜伽师地论》，然后再降生人间来度化那些盗贼并广宣佛法。就这样专注一心，再无其他任何杂念，玄奘既忘了自己是在祭坛上，也忘了身边盗贼，同伴们放声号哭，他也浑然不觉。正在这时，忽然狂风大作，飞沙折树，河中掀起阵阵巨浪，船只不是漂走就是倾翻。盗贼们惊恐万分，急问玄奘的同伴，被送上祭坛的究竟是何人，那些同伴回答道："这就是从支那国来的求法高僧啊！你们要杀了他，将犯下无量罪孽，你看这突如其来的狂风骇浪，天神都已经发怒了，赶紧忏悔吧！"盗贼们都害怕了，急忙过来向玄奘谢罪悔过，可是此时玄奘还在一心专念弥勒，对刚才发生的一切浑然不知，其中一人用手碰了一下玄奘，玄奘这才睁开眼睛，说："杀我的时候到了吗？"盗贼们赶紧表示："我们不敢杀害师父，愿您接受我们的忏悔！"于是玄奘为他们讲了一些浅近的佛理，说杀人、偷盗、祭祀邪神都是恶行，将来必轮回无间地狱。盗贼们欢喜信受，将兵刃扔入河中，所劫得的财物各归其主，并从玄奘受了五戒，由原本的印度教性力派教徒变成了佛教居士。

这次脱险后，玄奘经由阿耶穆佉国（今印度北方邦之安拉阿巴德西北）、钵逻耶伽国（今印度北方邦之安拉阿巴德）、憍赏弥国（今印度北方邦之安拉阿巴德西南）、鞞索迦国、室罗伐悉底国（旧译"舍卫"，在今印度北方邦贡达与巴赫赖奇二县之边界上，拉布蒂河南岸）、劫比罗伐窣堵国（旧译"迦毗罗卫"，现倾向于认为其地在今印度北方邦之伯斯蒂县）、蓝摩国（在今印度北方邦之伯斯蒂县）、拘尸那揭罗国（旧译"拘尸那伽"，今印度北方邦之戈勒克布尔以东）、婆罗疪斯国（旧译"波罗奈"，今印度北方邦之瓦拉纳西）、战主国（今印度北方邦之加济布尔）、吠舍厘国（旧译"毗舍离"，今印度比哈尔邦之穆扎法尔布尔），而来到摩揭陀国（今印度比哈尔邦之巴特那与格雅一带）。

中印度的这一带，以室罗伐悉底国（舍卫）、摩揭陀国为中心，乃佛教的发祥地，佛教中称之为"中国"。古代各民族多将自己所居地区视为世界的中心，所以往往名之为"中国"。雅利安人入主印度后，在萨特累季河与亚穆纳河流域逐渐形成了高度发达的婆罗门文明，这一区域就被他们称为"中国"。而到佛陀时代，旧"中国"衰败，政治、文化的中心东移，新兴势力崛起于憍萨罗（其国都即舍卫城）、摩揭陀一带，这就是所谓的新"中国"。与此相对，北印度以北、以西的"胡族"地区乃至我国内地，则被称为"蔑戾车"，意指"边地"，这个称法含有轻蔑之意，与我国古代将南方称为"南蛮"相似。

玄奘到达这一地区，等待他的是大量的佛教圣迹。室罗伐悉底国（舍卫）是古代印度十六大国之一憍萨罗国的都城，佛陀曾在此度过了二十五年，城南有逝多林给孤独园（即祇园精舍），是佛陀传教的主要场所之一。这一名称的由来还有一个故事，据传当时有一位长者苏达多（旧译"须达"，意译"善施"），他乐善好施，时常赈乏济贫，人们美称他为"给孤独"。苏达多想要建一座精舍敬献佛陀，他看中了太子逝多（旧译"祇陀"，憍萨罗国波斯匿王之子）的园林，太子戏言说，须以黄金铺满园林方可，长者毫不犹豫当即取出黄金铺地，铺到只剩下一小块地时，太子感其心诚急忙制止，说自己也愿积善行德供养佛陀，于是就在空地上造了一座精舍。佛陀知道后说，地是给孤独长老买的，树林是逝多太子施舍的，二人同心，成此功业，所以这里应称为逝多林给孤独园。劫比罗伐窣堵国（迦毗罗卫）则是佛陀故邦，佛陀即为该国净饭王的儿子，其诞生地蓝毗尼花园（玄奘译为"腊伐尼林"，位于今尼泊尔之派勒瓦地区）亦在附近。

摩揭陀国是印度历史上著名的大国。公元前4世纪，孔雀王朝崛起于此，到公元前3世纪，继位的阿育王（意译"无忧王"，约前268—前233在位）积极推行武力扩张政策，孔雀王朝的势力范围远达南印度，成为印度历史上第一个幅员辽阔、空前强盛的大帝国。阿育王是佛教史上著名的护法王，他曾派遣僧团向边陲和周邻诸国传法，佛教即于是时传入斯里兰卡。公元4至5世纪，笈多王朝崛起，摩揭陀国再度兴盛。在印度历史上，笈多王朝以古典梵文文学的繁荣而知名，而宗教上的宽容政策不仅使印度教在统治者的庇护下得以复兴，同时也有力地推动了佛教的发展，大乘瑜伽行派即由无著、世亲兄弟开创于这一时期。摩揭陀国也是佛陀一生主要活动的地区，伽耶城（今印度比哈尔邦之格雅）略南（今名"菩提伽耶"）为佛陀成道地，有菩提树与金刚座等圣迹。据传，当年释迦牟尼就是在菩提树下的金刚座上结跏趺坐入定观想，经过七天七夜，终于洞悉了宇宙人生的真正本质，获得了解脱，成了佛陀。菩提树原名"毕钵罗树"，也因此而被称为"菩提树"，"菩提"就是觉悟的意思。在菩提树北，后人建有摩诃菩提寺，据传护法就是在此寺中撰写了《唯识三十颂释》。后来唐贞观十九年（645）王玄策等奉使摩揭陀国，还曾于此寺竖碑（今已不存）。现存的摩诃菩提寺系 12、13 世纪由缅甸国王重建，高约五十米，形如金字塔，此寺建后不久即为避回教徒毁坏而掩埋，直到 1881 年才由考古学者发掘出来，当时引起举世震惊。摩揭陀国故都王舍城（旧王舍城，即上茅宫城，今印度比哈尔邦之拉杰吉尔）为五山环绕，有诸多与佛陀有关的精舍，城东北之灵鹫山与室罗伐悉底国（舍卫）之祇园精舍同为佛陀传教的主要场所，《西游记》中所说的灵山，大约指的就是灵鹫山（据玄奘所传，古印度人所说的灵山，则是指伽耶城南的伽耶山），佛教第一次结集亦在王舍城外的七叶窟。

华氏城（又译"波吒厘子城"，今印度比哈尔邦之巴特那附近）曾为孔雀王朝之都城，据南传佛教的说法，佛教史上的第三次结集即在阿育王的护持下于此举行。

佛教第二次结集则在吠舍厘国（毗舍离），该国也是传说中维摩诘（玄奘译为"毗摩罗诘"）居士的故乡。维摩诘的形象在中国古代颇受欢迎，比如盛唐诗人王维之字"摩诘"就出于此。维摩诘居士虽然为普度众生而混迹尘世，实则早已深通佛道，其修为甚至远在佛陀的弟子和其他菩萨之上，所以在中国古代士人的心目中，这是一种理想人格的代表。婆罗疱斯国（波罗奈）有鹿野伽蓝，据传佛陀成道后首先来到这里，对憍陈如等五人宣讲他所证悟的佛法，而憍陈如等五人实际上也就成为佛教最早的僧团，这在佛教史上被称为"初转法轮"。"初转法轮"标志着佛教作为一种宗教所必须具备的三个要素，即佛教中所说的佛、法、僧"三宝"，由此得以齐备。拘尸那揭罗国则是佛陀涅槃之地，佛陀最后在由吠舍厘赴王舍城的途中身染重病，就在该国西北隅的两棵娑罗树之间头朝北方、右侧向卧，不幸去世。用佛教的说法，则是进入了般涅槃的境界，后来的卧佛像就是取佛陀涅槃时的这一姿势。此佛陀涅槃处的拘尸那伽的娑罗双林，与佛陀出生处的蓝毗尼花园、成道处的菩提伽耶、初转法轮处的鹿野苑，并称为佛教的四大圣地。

玄奘一路至诚礼拜圣迹，在佛陀成道的菩提树下，更是百感交集，悲从中来。据说佛陀时代菩提树高数百尺，由于频繁地受到信奉异教的国王的破坏，此时已只有四五丈高，金刚座则为沙土掩埋，早已不复得见，只有后来为标志金刚座的南北界而立的两座观世音像还在。传说如果这两座观世音像亦为沙土所掩埋，佛教就会衰亡，而玄奘到时，南边的那座观世音像已经被沙土埋到了胸部以上（现存的金刚座为一石刻高座，系后人所制，两尊观世音像亦已不存）。玄奘自思，佛陀成道时，自己不知轮回到了什么地方，直到佛教衰微的今天才到此圣地，真是业障深重啊！于是一边五体投地、至诚礼拜，一边不由悲伤流泪，观者也无不感动。

　　这以后，玄奘又巡礼了附近的诸多圣迹，十天后，那烂陀寺派出四名高僧（一说四十名），以隆重的仪式将玄奘迎入寺内。"践流沙之漫漫，陟雪岭之巍巍，铁门巉险之途，热海波涛之路，始自长安神邑，终于王舍新城，中间所经，五万余里。"玄奘的孤征远迈于此暂告中止，这时已是贞观五年秋末冬初，玄奘三十岁。

第3章

负笈五印

留学生涯

贞观五年（631）秋末冬初，玄奘终于到达其西行的目的地——摩揭陀国的那烂陀寺。"那烂陀"是梵文的音译，意译为"施无厌"，此名来源有二说：一说此寺南树林中有池，池中有龙，那烂陀是龙名；另一说是从佛陀的本生故事来的，说佛陀过去世修菩萨行时，曾为大国王，并建都于此，因为他悲愍众生，乐善好施，所以人们给了他"施无厌"的美名。那烂陀作为一地名早已存在，其地点位于王舍城西北；然于此兴建寺院，大约还是始自公元5世纪之后笈多王朝的鸠摩罗笈多一世（约415—455在位），至少法显于 399 年至 412 年入印到此地时，提到有"那罗聚落"，而并无任何有关寺院的记载。鸠摩罗之后，历代君王不断扩建，到玄奘入印时，那烂陀寺已拥有六个僧院，规模宏大，人才济济，是当时声驰异域的全印最高学府。

为维持这一庞大的寺院，戒日王专门拨出一百邑充作供养，每邑各有二百户，也就是说，共有两万户人源源不断地为那烂陀寺提供其所需的生活资源，因此寺内众僧衣食无忧，有条件专心从事于各种学术研究。

那烂陀寺的研习范围，除佛教的大小二乘外，还兼及一切世间、外道的学问，实际上囊括了佛教中所说的"五明"之学。前面提到过，"明"意为智慧、学识，古印度将整个学术体系分为五大类，称为"五明"：一、声明，约略相当于现代的语言文字学；二、工巧明，其范围甚广，举凡一切与物质生活相关的工艺、技术乃至占相、咒术等，皆属于此；三、医方明，约略相当于医药学；四、因明，约略相当于逻辑学与论辩术；五、内明，指自家所宗奉的学说，对佛教来说，即是佛教的大小二乘。大乘佛教、特别是大乘瑜伽行派兴起后，尤为强调通学"五明"的重要性，因为作为一名大乘行者，要积极入世普度众生，就不仅需要精通包括小乘在内的佛法，还需要掌握与其普度的众生相关的一切学问、技艺。可见，在印度佛教的发展过程中，实际上有明显的学术化、知识化趋向。虽然这是服务于信仰的知识，却认可了知识的正当性，并为其发展乃至相对独立的发展开拓了空间。这与欧洲中世纪的情形有类似之处，而如中土禅宗所取的那种极端反智主义态势，并不是佛教所固有的本质特征。

6到9世纪大约是那烂陀寺最辉煌的时期。6到7世纪，护法、戒贤等曾先后主持该寺，8世纪，则有瑜伽中观派的创始人寂护与其弟子莲华戒，先后应赤松德赞之邀入藏，奠定了中观学在藏传佛教特别是显教思想中的基础地位。求学于那烂陀寺者，继玄奘之后还有义净。他于高宗咸亨四年（673）到达东印度，上元二年（675）辗转至那烂陀寺，留学十年，于武后证圣元年（695）返归洛阳。此外，据义净《求法高僧传》，尚有玄照、道希、道生、大乘灯、道琳、智弘、无行及新罗人阿难耶跋摩、慧业等，亦曾留学于那烂陀寺。那烂陀寺可能毁于13世纪初突厥—阿富汗人征服巴拉王朝的战火中，回教穆斯林对异端的极端排斥最终使之夷为平地。1861年，由亚历山大·坎宁安率领的考古队，根据《大唐西域记》记载的方位和距离，在今比哈尔邦巴特那县拉杰吉尔（即旧王舍城）以北的巴腊贡村附近，发现了那烂陀寺的遗址。全部遗址面积达一百万平方米，系统发掘工作则始于1915年。现除那烂陀遗迹外，另辟有那烂陀博物馆、那烂陀巴利文及佛法修学中心等。20世纪50年代，中国政府捐资人民币三十万元，于此修建了玄奘纪念堂，2006年为中印友好年，中印两国政府共同对玄奘纪念堂予以修缮。

正因为那烂陀寺的地位和声望，其时印度诸国乃至他方异域的求学者纷至沓来。然而进入那烂陀寺学习，还要通过极为严格的层层甄选，唯有学通古今者方能得入。进得寺中，亦是整天谈玄论道、相互论辩，假如有人谈论不相干的话题，连自己都不好意思在这儿待下去。即便如此，寺内还是有常住僧众四千余人，加上学习游方的超过万数。其中通经论二十部者，有一千余人，通三十部者，有五百余人，通五十部者，连玄奘在内共有十人，可谓人才济济。

当时主持那烂陀寺的是护法的弟子戒贤。戒贤出身于东印度三摩呾吒国（今孟加拉国之库米拉一带）王族，三十岁时即代其师论破南印度外道，获得国王封赏，从而享有盛誉。这时戒贤已一百零六岁（一说一百六十岁），全寺唯他最为博闻强识，所有佛教典籍乃至外道论书无不精通，大家都不直呼他的名字，而尊称为"正法藏"。玄奘以最为隆重的礼节觐谒戒贤，他肘膝支地，以自己的头礼拜戒贤的脚足，这在佛教中称为"头面作礼"。因为人身上最高贵的是头，最卑贱的是脚，以自己之所贵礼对方之所贱，所以最为尊重。而后，玄奘向戒贤表明了自己从中国来，欲求学《瑜伽师地论》的夙愿。

不料戒贤听了，竟涕泣不已。原来戒贤曾得痛风病，发作起来手脚关节疼痛难忍。三年前，他病情加重，甚至想通过绝食的方式来结束自己的生命。一天夜里，戒贤梦见文殊与观音、弥勒三大菩萨一同降临，劝诫他说："虽然佛经中说人身是苦，却并不说要因此而厌弃人身，你只有至诚忏悔过去的罪业，安忍痛苦来宣扬佛法，痛苦才会消除；若只是弃绝生命，死后还是轮回不断，痛苦终究无法消除。你应当广宣《瑜伽师地论》等正法，遍及于那些未曾听闻者，身体上的病痛自然就会好转，不必担忧。三年后会有中国僧前来求法，你要等他来并教导他。"戒贤听从了菩萨的教诫，病痛果然逐渐消除了。闻此因缘，玄奘悲喜交集，于是更为礼谢，而戒贤自然也深感欣慰，双方共叙了师徒之情。

按照传统的说法，玄奘西行是在贞观三年（629），至此正好是三年。这显然是一个具有预言性质的故事，我们姑且不去追究它的真实性，但至少历史的确造就了戒贤与玄奘的师徒因缘，而这在双方的生命历程中无疑都是浓墨重彩的一笔。

随后，玄奘被安置到幼日王（笈多王朝后期的一个君王）所建的大院中觉贤房的第四层楼居住，七天后，又被安置到护法曾住过的房间以北的上等房中。那烂陀寺有一规定，凡博通三藏者，有十人可享受最优厚的待遇，而从来都只有九人满足条件，玄奘的到来，正好补足了这一空缺，因此他得到了那烂陀寺最高规格的礼遇：每天供给瞻步罗果一百二十枚、槟榔子二十颗、豆蔻二十颗、龙脑香一两、供大人米一升。供大人米颗粒比乌豆还大，做出来的饭比别的米都要香，因为只有摩揭陀国有此米，并专供国王及高僧大德，所以称之为供大人米。此外，每月供油三升，酥乳等随时取用，另派侍者一人（一说四人）、婆罗门一人；免去玄奘一切僧众杂务，外出乘坐象舆，并可带随从二十人（一说三十人）。

在巡礼了那烂陀寺附近的圣迹后，玄奘正式请戒贤开讲《瑜伽师地论》，同听的另外还有好几千人。所谓"瑜伽"，是梵文的音译，意译为"相应"，乃古印度通行的修持方法，并不限于佛教。但这里所说的瑜伽师或瑜伽行者却特有所指，系为从西北印说一切有部教团中分化出来并逐渐向大乘转化的一些专重修持者。他们依照自己的禅修体验来提出教说，将瑜伽行者的所观之境、所修之行、所证之果系统组织成十七个阶段，是为十七地。这就是所谓的"瑜伽师地"，即瑜伽师修行的阶段，而《瑜伽师地论》也因此被称为《十七地论》。据玄奘所传，此论系无著夜升睹史多天

（即兜率天），从弥勒菩萨处听受所得（也有一种说法是弥勒从兜率天下来，为无著讲说），所以称是弥勒说，而藏传则谓无著造。现在一般认为，这是无著以前西北印瑜伽师的集体创作。《瑜伽师地论》是瑜伽行派的奠基性论书，它的篇幅很大，据说梵文本有四万颂（部分梵文本已被发现），后来玄奘译为中文，亦有一百卷之多。

为彻底弄通这部梦寐以求的佛家巨著，玄奘总共听戒贤讲了三遍，第一遍就讲了十五个月，第二遍也还讲了九个月。此外，玄奘又听《顺正理论》《显扬论》《对法论》（即《杂集论》）各一遍，因明、声明、《集量论》等各二遍，《中论》《百论》各三遍，其他如《俱舍论》《毗婆沙论》《六足论》《阿毗昙论》等，他以前曾在迦湿弥罗等国学习过，在此又重新研读，而以解决疑难为主。同时玄奘还兼学婆罗门教的经典，对声明学即相当于现代的梵文文法学亦用心研修。在学习中玄奘所表现出来的悟性与才华让戒贤赞叹不已，说："像这样的人即便是听到他的名字都已是难得的机缘，更何况现在能在一起谈玄论道。"言下颇有知音难觅、相见恨晚之感。

贞观十年（636），玄奘三十五岁，在那烂陀寺已经废寝忘食地学习了五年，寺学的精华大体都已了然于胸。这时戒贤劝诫他说："现在该是你归国的时候了！人生短暂如朝露，而佛法则深广无边，除佛之外，无人能完全穷尽，因此最重要的是以有限的生命去流通、传播佛法，如果再要去学习其他各家，恐怕会错失机缘。"玄奘虽然也认同戒贤的看法，却并不满足于现有所学，因此他向戒贤辞行，欲进而游历印度各地，然后再归国。

玄奘此次游学，大致路线是至东印、转南印、折向西印、复归中印。从那烂陀寺出发，首先至伊烂拏钵伐多国（今印度比哈尔邦之蒙吉尔），途中经过迦布德迦（意译"鸽"）伽蓝（在摩揭陀国境内）。伽蓝南面的孤山有观世音菩萨像（印度的观世音菩萨并非中国流行的中年女性形象），据说十分灵验，经常有几个人在那里绝食断水，诚心祈祷，或经七天，或经十四天，或经一个月，就会看见观世音菩萨从像中走出，抚慰其人，满足其愿。据说有个僧伽罗国（今斯里兰卡）的国王，一天早上照镜子的时候，竟然没有看见自己，却看见了这尊观音菩萨像，他四处寻访，最终在孤山找到了，于是就建了精舍，广为供养。后来去的人太多了，为使圣像免遭污损，供养人在菩萨像四周各七步左右围了木栏，祈愿者只能在远处以香花抛之，传说若花能落于菩萨像手中或臂上，即能吉祥如愿。于是玄奘也买了花，穿成花环，来到菩萨像前诚心礼拜，然后许了三个愿：一、如果在这里学成后，能平安归国，愿花环落在菩萨手上；二、愿以所修福慧，将来往生睹史多天宫，奉事弥勒菩萨，若能如愿，愿花环挂在菩萨的两臂；三、佛教中说有一部分众生没有佛性，我不知道自己是否有？如果我有佛性，通过修行能成佛，愿花环挂在菩萨的颈项。说完，将花环远远抛出，竟然一一如其所言。玄奘见自己的愿望都能实现，非常高兴，周围其他的礼拜者与看守人也纷纷向他道贺，说真是前所未有，将来如果玄奘成佛了，可首先要来度他们啊！

离开孤山，玄奘来到伊烂拏钵伐多国都城。此时该国已为戒日王所有，他在城内建了两座寺院，各有近一千僧人，都学习小乘说一切有部，其中以如来密、师子忍二法师为首。玄奘跟随二人研读《毗婆沙论》《顺正理论》等一年。次年即贞观十一年（637），玄奘经瞻波国（今印度比哈尔邦之帕格尔布尔）、羯朱嗢祇罗国（今印度比哈尔邦之拉杰默哈尔）、奔那伐弹那国（今孟加拉国之博格拉一带），入东印度境。所谓东印度，大略相当于现在恒河三角洲以东地区。

而后玄奘又经羯罗拏苏伐剌那国（今印度西孟加拉邦之穆尔希达巴德一带）、三摩呾吒国（今孟加拉国之库米拉一带）至耽摩栗底国（今印度西孟加拉邦米德纳布尔县之德姆卢格）。此地为东印度重要港口，法显译为"多摩梨帝国"，当年他就是从这里出海去师子国（今斯里兰卡），而后浮海东还的。比玄奘稍晚的义净，出入印度也都经由此地。玄奘在此听说海中有僧伽罗国（意译"师子国"或"执师子国"，今斯里兰卡，1972年前称为"锡兰"），国中有通晓上座部三藏及《瑜伽论》的高僧，于是也想从这里出海前往。一个来自南印度的僧人劝告他说，从这里取海路去僧伽罗国路途遥远，海上风高浪急，非常危险，不如陆行至南印度东南角，然后再渡海，三天即到，并且取陆路，沿途还可巡礼各国圣迹。玄奘听从了他的建议，于是经乌茶国（今印度奥里萨邦北部）、恭御陀国（今印度奥里萨邦之根贾姆县北部），进入南印度境。所谓南印度，约略相当于现在温德亚山脉以南的地区。

接着玄奘又经羯陵伽国（今印度默哈纳迪河与哥达瓦里河之间，孟加拉湾沿岸）而至南憍萨罗国（今印度马哈拉施特拉邦之那格浦尔以南），这是当年龙树所居之国，提婆亦在此拜龙树为师。玄奘于该国停留了一个多月，跟随某个精通因明的婆罗门研读《集量论》，然后再过案达罗国（今印度哥达瓦里河与克里希纳河之间，以今安得拉邦首府海得拉巴为中心），入驮那羯磔迦国（即大案达罗国，今印度克里希纳河河口两岸地区）。上述两国大众部盛行，是大众部案达派（包括东山住、西山住、王山住、义成四个部派）的发源地，大众部对其他部派乃至大乘佛教产生影响，主要就是通过案达派。另外，案达罗国还是陈那造《因明论》的地方。玄奘在驮那羯磔迦国又停留了几个月，向苏部底（又译"须菩提"，意译"善现"）、苏利耶（意译"日"）二师学习大众部《根本阿毗达磨》等论，二师亦向玄奘学习大乘诸论。

从此地出发，经珠利耶国（今印度本内尔河下游，安得拉邦之贡土尔以南至维拉尔河之间），玄奘至达罗毗荼国（今印度安得拉邦南部、泰米尔纳德邦北部地区），这是他游历五印的最南处。该国都城建志补罗（今印度泰米尔纳德邦之马德拉斯西南），汉时名"黄支"，是个宗教圣地，有南印度贝拿勒斯之称（1957年后贝拿勒斯改名为瓦拉纳西，即古代的波罗奈，它不仅有佛陀初转法轮的鹿野苑，还是著名的印度教圣地），护法即出生在这里。建志补罗也是南印度的重要海港，西汉武帝时与中国的交阯（今越南和中国的广东、广西）就已有海上交通，不过，那时佛教似乎尚未沿此海路传播。玄奘本来打算从此渡海去僧伽罗国，孰料不久前该国国王去世，国内又遭饥荒，一片混乱，觉自在云（"觉云自在"）、无畏牙率该国高僧三百余人来投印度，与玄奘相遇于建志补罗城。他们自称代表僧伽罗国最高的佛学水平，于是玄奘就《瑜伽论》的一些关键问题向他们请教，结果却发现并没有超出戒贤的地方，于是玄奘决定不再去僧伽罗国，而与其中的七十余名僧伽罗国僧人一起，绕道西印，返归中印。

经由恭建那补罗国（今印度栋格珀德拉河流域），玄奘一行来到摩诃刺侘国（今印度马哈拉施特拉邦），其时该国正当遮娄其王朝的补罗稽舍二世（610—642）在位，国力强盛，约 630 年左右，远征南方的戒日王大军亦为其所败，从此直到德里苏丹时期的六百年间，北印度的势力再也没有跨越过温德亚山脉，进入南印度。在《西域记》中，玄奘还详细地介绍了该国的阿折罗（意译"所行"）伽蓝，一般认为，这就是现在著名的阿旃陀石窟，而玄奘最早对此作了记载。该石窟开凿于公元前一二世纪至公元七世纪，后为沙土所掩埋，直到 1819 年才被重新发现。石窟位于今马哈拉施特拉邦奥兰加巴德县阿旃陀村的瓦戈拉河谷，在离谷底七十六米的悬崖上，今存二十九窟，绵延五百五十米，是印度佛教艺术的经典之作。

随后，玄奘又经跋禄羯呫婆国（今印度古吉拉特邦之布罗奇）、摩腊婆国（即南罗罗国，一说相当于马尔瓦，即今印度中央邦西部和拉贾斯坦邦东南部地区），入伐腊毗国（即北罗罗国，在今印度卡提阿瓦半岛上），此时已近岁末。贞观十二年（638），玄奘由伐腊毗国入西印度的瞿折罗国（今印度拉贾斯坦邦之焦特布尔一带），而后转经南印度的邬阇衍那国（今印度中央邦之乌贾因一带）、掷枳陀国（一说即今印度中央邦之本德尔坎德）、中印度的摩醯湿伐罗补罗国（一说即今印度中央邦之瓜里尔），复还瞿折罗国，由此进入西印度境。所谓西印度，约略相当于现在印度河中下游地区。玄奘又经由阿点婆翅罗国（今巴基斯坦信德省之卡拉奇一带）、狼揭罗国（今巴基斯坦俾路支省东南部，这是玄奘游历五印的最西处）、臂多势罗国（今巴基斯坦信德省之海得拉巴）、阿軬荼国（其地今有多说）、信度国（一说在今巴基斯坦旁遮普省南部）、茂罗三部卢国（今巴基斯坦中部之木尔坦），至北印度的钵伐多国（今巴基斯坦旁遮普省萨希瓦尔县之哈拉帕），向两三位高僧学习正量部的《根本阿毗达磨》及《摄正法论》（可能就是后来北宋时日称所翻译的《诸法集要经》）、《教实论》（即《西域记》中曾论及的瞿波论师所造之《圣教要实论》，该论无汉译本）等，直至这一年岁末。

贞观十三年（639），玄奘离开钵伐多国，向东南行，终于又重新回到摩揭陀国的那烂陀寺，此时玄奘三十八岁。在那烂陀寺西的低罗择迦寺（即《西域记》中的"羝罗择迦伽蓝"），有一位名叫般若跋陀罗（意译"智贤"）的高僧，他从说一切有部出家，精通有部三藏以及声明、因明等，于是玄奘去那里住了两个月，就一些疑难问题向他请教。

接着玄奘又来到佛陀伐那山（意译"觉林"）的杖林，向胜军论师求学。"杖林"之得名也有一个非常有趣的传说，玄奘在《西域记》中将其记载了下来。传说佛陀身高一丈六尺，所谓"丈六金身"，有一个婆罗门老是不信，有一次就拿了一根一丈六尺长的竹杖，想用它来丈量佛身，孰料无论怎么量，佛身总是超出竹杖一丈六尺，如是不断增高，乃至于不可穷尽，婆罗门无奈之下，只得弃杖而去，而这根竹杖后来就长成了这片杖林。

胜军是当时与戒贤齐名的佛教学者，他是西印度苏剌侘国（今印度卡提阿瓦半岛南部）人，据说曾向贤爱学习因明，向安慧学习声明、大小乘论，又向戒贤学习《瑜伽》。至于婆罗门教及其他外道的经典、天文、地理、医方、术数，他也无所不通，故颇为时人所重。摩揭陀国的满胄王（阿育王的后代）曾想迎请他为国师，并封以二十大邑（一邑约二百户），胜军坚辞不受。后来戒日王也想迎请他为国师，更以乌荼国八十大邑封之，胜军仍然坚辞，说自己以解脱生死为务，无暇料理王事，说完作揖而出，戒日王也无法挽留。从此胜军便在杖林开讲佛经、教授徒众，跟随他的僧俗常有数百人。大家都不直呼他的名字，而尊称为"抱蹉迦"，意为"食邑"，这是说，胜军学艺超群，理当有充作食禄的封邑。当时胜军也已有百岁，玄奘向他学习《唯识决

择论》、《意义理论》(一作《意义论》)、《成无畏论》、《不住
涅槃论》、《十二因缘论》、《庄严经论》等，并请教一些有关
《瑜伽》、因明的疑难问题。

胜军并没有出家，只是一个居士，他拒绝了世俗的一切
荣华富贵，在杖林而非诸如那烂陀寺一类官方供养的寺院弘
法，无疑具有山林佛教的特色，在外在表现形式就与戒贤不
同。而从学说传承看，胜军虽然博学多方，其为学主旨，实
际上还在难陀一系的唯识古学，这与戒贤主要传承护法一系
的唯识今学亦有根本差异。虽然玄奘后来没有系统传译唯识
古学一系的论书，以至于今天我们不清楚他从胜军那里学得
的《唯识决择论》等具体情况如何（除《庄严经论》有旧译
外，其他著作详情均不明），然玄奘能不拘门户之见，博采
众家之说，充分体现了他唯道是从的开阔胸襟。

玄奘在杖林跟随胜军学习，转眼已到了第二年即贞观
十四年（640）正月，此时玄奘大概已思乡心切，东归的念
头时时萦绕于怀。一天晚上他做了一个梦，梦见那烂陀寺一
片荒芜，寺院里系着水牛，已没有了僧侣。玄奘从幼日王所
建大院的西门进去，看见文殊菩萨就站在他最初住过的第四
层楼上。玄奘却怎么也上不去，于是就请文殊菩萨伸手接
引。文殊菩萨拒绝他说，因玄奘的业缘，他不能再上来了，
并指着寺院外让玄奘看，只见寺院外火光冲天，村邑已化为

灰烬，文殊菩萨于是告诉玄奘说："你应当尽早归国。十年后戒日王去世，此地将大乱，会有恶人加害。"玄奘醒来后觉得非常奇怪，就将所做的梦告诉了胜军，胜军说："世界原本就非安宁之处，也许真会如此，既然菩萨已有告诫，你还是早作安排吧。"

据史书记载，戒日王于贞观二十一年（647）去世，国内随即大乱，其臣阿罗那顺篡位为王。是时王玄策正奉命出使印度，阿罗那顺发兵拒之，王玄策征调吐蕃、泥婆罗（今尼泊尔）两国军队，破其都城，俘获阿罗那顺，于次年返归长安。然而，戒日王东征西讨所建立的庞大帝国由此土崩瓦解，北印度又长期陷入分裂混乱的状态。也就是说，玄奘所做的梦果然应验了，也许这个梦有后来敷衍润色的成分。无论如何，在周游五印、遍学众家之后，玄奘已迫切地希望归国，然而，这一计划并未能立即付诸实施。

曲女大会

贞观十四年正月，玄奘从胜军处返回那烂陀寺，戒贤让他为僧众开讲《摄大乘论》和《唯识决择论》。《摄大乘论》是无著根据《阿毗达磨大乘经》（已佚）而造的现存最早一部对唯识学理予以系统组织的论书，无论是唯识古学还是唯识今学，对这部论书都非常重视，并各从自家的视角来加以解读。《唯识决择论》虽具体情况不详，然如上述，这是玄奘从胜军处学得的。因此大致可以推测，戒贤让玄奘讲这两部论，很有可能是想要玄奘介绍唯识古学一系的最新学术进展。可见当时那烂陀寺的学风是很开放的，并不因为戒贤是寺主，就唯我独尊，只容许宣讲唯识今学而罢黜他家。

不仅如此，即便是明确的敌对论调也容许公开宣讲并相互争鸣。当时寺内有一高僧名师子光，他可能是中观派清辩的传人，早些时候就已在寺内开讲《中论》《百论》，并以此来驳斥《瑜伽》之说。玄奘却认为，圣人立教，各有不同的用意，并不相互矛盾，只是学者没有真正理解，才不能融会贯通，因此瑜伽、中观实则相辅相成，师子光的见解未免太狭隘了！于是和他往返辩论了数回，师子光理屈词穷，听他讲经的学僧也大多转到了玄奘这边。为会通瑜伽、中观二宗，玄奘还特地撰写了《会宗论》三千颂，戒贤及寺内众僧看了之后都赞叹不已。师子光觉得没有脸面再留在那烂陀寺，就搬到了附近的菩提寺居住，而另外请了自己一个东印度的同学前来论辩，此人到了之后，惮于玄奘之声威，竟然不敢作声，由此玄奘的声誉自然更高了。

《会宗论》是玄奘在印度时撰写的第一部、也是篇幅最大的一部论书，可惜与他在印度撰写的另外两部论书一样，最后没能流传下来。从某种意义上说，印度佛教就是在不断的学理论争中发展起来的，不仅有大小乘之争、小乘内部诸部派之争，而且还有大乘内部的中观、瑜伽之争，即通常所说的空有之争。对空有之争，中观学派的清辩大概是最执着了，他曾到摩揭陀国想找护法当面辩论，护法却避而不见，清辩于是竟然发愿长生，要等到弥勒成佛后再来决疑，据说由于他心诚志坚，在观音菩萨的指引下，从驮那羯磔迦国城南山岩进了阿素洛（旧译"阿修罗"）宫，就在那里等待弥勒成佛。护法虽然回避了当面的对决，实际上也在《广百论释》最后的《教诫弟子品》中对此问题作了回应。玄奘非常重视护法的这部《广百论释》，早在灵鹫山北听受该论时就已尝试进行翻译，他的《会宗论》大约也是循此思路而来。那么，玄奘是否解决了空有之争的问题呢？没有。印度佛教不断论争的结果，总体上是趋于分化，虽然也有会通，但并不是主流，直到佛教传入西藏后，空有之争的问题依然存在。会通与融合倒是中国佛教乃至中国文化的特色，不仅是佛教内部诸家诸宗的会通，而且还扩展到儒释道三教的会通，直到最后所谓的"三教合一"。玄奘虽然坚持佛教的纯正性和独立性，然而也正由于这种虔诚，他极为关注佛教自身的内在统一。实际上，玄奘一生的努力和追求，无论是西行求法还是归国后的译经，都无不发端于其统一全体佛法的宏愿。

师子光未离寺前，戒日王在那烂陀寺旁用黄铜矿石造了一座精舍，高十丈有余，虽然没有完工，印度诸国都听说了此事。后来戒日王因征伐恭御陀国而路经乌荼国，该国僧人都学习小乘，不信大乘（《西域记》则说乌荼国僧人都学习大乘，与《慈恩传》的说法互相抵牾，未审孰是），贬大乘为"空华外道"，非佛所说。"空华"是指虚空中原本没有花，只是由于眼睛有病（如白内障等）才出现了花的幻觉，这是说，大乘只是与外道一样的虚妄之见。这些小乘僧人对戒日王说："听说你在那烂陀寺边用黄铜矿石造了一座非常雄伟的精舍，为什么不在迦波厘（当即'柘罗迦波利'，外道的一种）外道寺建呢？那烂陀寺就是空华外道，与迦波厘外道没有区别。"然后他们拿出般若毱多（意译"慧藏"）所造的《破大乘论》七百颂给戒日王看，说这就是他们所宗奉的教义，没有一个大乘学者可难破其中一字。

般若毱多是南印度国王的灌顶师，罗罗国正量部的学者。罗罗国即摩腊婆（南罗罗国）与伐腊毗（北罗罗国），按照玄奘的记载，此两国在南印度境，但如果从其所处的地理位置看，似乎应属西印度，后来义净也说伐腊毗国（义净译为"跋腊毗国"）在西印度。罗罗国为小乘正量部盛行的地区。正量部系从犊子部中分出，在玄奘入印时，这是势力和影响仅次于说一切有部的小乘部派。据《西域记》所载，此部派流行于除北印度外的十七个国家，而其中尤以摩腊婆、伐腊毗两国为盛，在当时学者的心目中，这是与中印度摩揭陀国之那烂陀寺齐名的两大佛教中心之一。因此般若毱多的《破大乘论》，实际上就是以摩腊婆与伐腊毗两国为中心、以正量部为代表的小乘学者，向以那烂陀寺为中心的大乘学者的挑战。

戒日王显然是倾向于那烂陀寺的，他对乌荼国的那些小乘僧人说："我听说狐狸跑到小老鼠群中，自吹比狮子还雄壮，等到真见了狮子，就吓得魂飞魄散。你们没有见过大乘的高僧，所以才固执己见，一旦见了，恐怕也是和狐狸一样。"那些小乘学者于是要求当面辩论以定是非，戒日王当下就同意了，并派使者送信给戒贤，请他选四个学兼大小乘、通内学外道的高僧来乌荼国，与小乘学者辩难。戒贤接信后，准备选派海慧、智光、师子光与玄奘四人前往。海慧具体情况不明，师子光已如上述，智光倒值得在此一提。玄奘归国后，于高宗永徽年间与智光还有过书信往来。从《慈恩传》的记载来看，智光应是戒贤的上首弟子，他后来住在摩诃菩提寺。然而在睿宗文明元年（684），来自中印度的地婆诃罗（614—688）却向法藏传达了这样一个信息，说在那烂陀寺有二位大师见重于当时，一为传承瑜伽唯识学的戒贤，一为传承般若中观学的智光，他与师子光一样，也是上承清辩之学，那么，这两个智光是否是同一人呢？如果是同一人，何以师徒竟然所宗各异？这成了佛教史上的一桩疑案。

虽然智光等三人已是那烂陀寺最出色的学者，可是对此次论辩也没有十足的把握，所以不免有些忧虑。玄奘劝慰他们说："小乘各部的三藏经典，我在中土以及自入迦湿弥罗国以来都已经学过了，其教义也完全了解，如果想要用小乘的教义来论破大乘根本没有可能。我虽然才疏学浅，然一定可以对付，你们不必担忧。即便输了，我也是支那国的僧人，与那烂陀寺无关。"大家这才放下心来。谁知不久戒日王又送来书信，让他们暂缓前往，于是四人仍留在寺内。

恰在这时，有一个顺世论者找上门来要求辩论，他写了四十条论纲悬挂在寺门上，说如果有人能难破其中一条，自己就斩首谢罪。顺世论是古印度一个具有素朴唯物论色彩的学派，它的起源非常早，由于既否定婆罗门教的《吠陀》和祭祀，又否定业报轮回，倡导追求现世的快乐，所以遭到了包括佛教在内各方的强烈抵制。这位顺世论者提出的四十条论纲显然是精心准备的，过了好几天，那烂陀寺中还是没有人出来回应。玄奘就派自己的侍者出去，将那四十条论纲一把扯破，扔在地上用脚踩踏。顺世论者大怒，责问道："你是何人?"侍者回答:"我是摩诃耶那提婆奴!""摩诃耶那"意为"大乘","提婆"意为"天",这句话的意思是说:"我是大乘天的奴仆!""大乘天"在此显然是指玄奘,是时人对玄奘的尊称,顺世论者早就听说过玄奘的大名,不免既愧且惧,便不再和侍者计较。玄奘于是叫顺世论者进来,当着戒贤的面与之论辩,并请寺内其他高僧在旁作证。

从现有的记载来看,在论辩中玄奘似乎有意回避了顺世论者的四十条论纲,而直接就各种外道的外在表现、理论体系来展开批驳,即各种外道或者在外在表现上是污浊不堪的,或者在理论体系上是自相矛盾的。这样往返辩论数回后,顺世论者已落于下风,无言以对,于是便要履行斩首之约。玄奘制止他说:"我们佛门弟子,连昆虫都不杀害,更何况人,如今只要你做我的奴仆,听我吩咐。"顺世论者欣然接受了。

为准备乌荼国之行,玄奘取《破大乘论》反复研读,还是有若干疑难之处,没想到那个成了奴仆的顺世论者曾听过该论五遍。玄奘向来就是能者为师,虚怀若谷,不耻下问,根本没顾及地位的悬殊,立即要顺世论者给他讲解,还是顺世论者考虑周到,为维护玄奘的声名,请他在晚上支开旁人后再讲。玄奘听他讲过一遍之后,完全掌握了《破大乘论》的要旨,随即找出论中的错谬之处,一一以大乘的教义破斥之，由此写成了《制恶见论》一千六百颂，戒贤和寺中僧众看了之后，都赞不绝口。顺世论者既然已帮了大忙，玄奘也不为已甚，恢复了他的自由身，任其所去。

《制恶见论》是玄奘在印度时撰写的第二部论书，它是与《破大乘论》针锋相对的。"破大乘"即是"恶见"，而此论的目的就在于制服这种"恶见"。虽然《制恶见论》也没有流传下来，但从玄奘后学一鳞半爪的记载中，我们大致可以知道，其主要内容至少有两项：一是对小乘的总破。针对小乘学者的"大乘非佛说"，《制恶见论》重申了《大乘庄严经论》中所提出的"证大乘经真是佛说"之七因，即从七个不同的角度来论证大乘经出自佛说，玄奘对其中每一因都以七个比量来证成，亦即，每一因都各有七段逻辑推论，环环相扣，这就使得整个论证更为严密，至少在逻辑上无懈可击。此外，般若毱多认为某些大乘经比如《解深密经》有自相矛盾之处，玄奘也具体作出了解释。二是别破般若毱多对唯识说的非难。大乘唯识说的核心命题是"唯识无境"，心识所认识的对象并不在心识之外，而是心识变现出来的，是心识的一部分。也就是说，所谓认识，就是心识能认识的部分去认识其所认识的部分，实际上无非就是自己认识自己。般若毱多则依据正量部的见解，认为所认识的对象在能认识的心识之外，心识能够直接认识外于心识的对象。他巧妙地利用了一个特例来破斥大乘的唯识说，这一破斥非常有力，自他提出之后，十二年中都没有人能给予回应。对此，玄奘一方面成立"真唯识量"，从因明学的角度来论证所认识的对象不离能认识的心识，另一方面对唯识说作出了理论上的改进，以弥补般若毱多所利用的漏洞。这些问题都比较专精，在这里不可能作具体的分疏，有兴趣的读者可参看拙作《玄奘评传》。

既然已完成了从学理上足以驳倒《破大乘论》的《制恶见论》，而戒日王安排的乌荼国论辩似乎又没了下文，玄奘不免又打起了归国的主意。这时正好有个耆那教的教徒名叫伐阇罗（意译"金刚"）来拜访玄奘。此人善于看相，玄奘就请他算上一算，究竟去与留何者为宜，归国能否顺利到达，以及自己寿命还有多长。耆那教也是古印度的传统宗教，它大致与佛教同时产生，至今还有约四百万信徒。该教有两大派，其中的"天衣派"主张以虚空为衣，平时裸体修行，所以佛教中将其称为"露形外道"。这个"露形外道"伐阇罗推算了一通之后，告诉玄奘，留下来比归国好，不过归国也能顺利到达，并受到各方敬重，至于寿命，最起码还有十年。玄奘还是有些担心，以一人之力，如何将这一大批佛经、佛像带回国内？伐阇罗于是又告诉他说："这个你就放心吧！到时戒日王、拘摩罗王会送你回国，拘摩罗王已经派使者来请你了，二三天就到，你见到了拘摩罗王，就一定能见到戒日王。"

伐阇罗的占相进一步坚定了玄奘归国的决心，他开始打点行装，收拾要带回国的佛经、佛像。寺内众僧知道后，都纷纷前来劝阻，说这里才是真正的佛国，而中国只是蔑戾车地（意为边地），希望玄奘能留下来，见他不为所动，最后又请戒贤出面。戒贤倒比较开通，还是想听听玄奘的意思，玄奘回答道："这里是佛陀降生之地，我不是不喜爱留恋，然而我西来的目的是为了求佛法，普利众生。自从来到这里，承蒙您为我开讲《瑜伽师地论》，解答各种疑难，又瞻礼了圣迹，学习了各家各派的高深理论，打心底里觉得非常欣慰，真可谓不虚此行。我愿回到本国，将我所学到的翻译出来，使有缘之人都能够听闻、学习佛法，以此来回报师恩，所以没有多余的时间继续留下来。"戒贤听了，非常高兴，说："这是菩萨的意愿啊！我内心也希望你能这样。你只管准备行装，其他人不必再挽留了。"

前面曾经说过，早在玄奘结束那烂陀寺五年留学生涯的贞观十年，戒贤就已敦促他归国弘法，只是那时玄奘自己觉得还学业未成，所以才没有立即归国，而是继续游学五印。在这一问题上，玄奘师徒之间实际上是息息相通的，自觉承担起弘传佛法的使命，以此来普利、普度天下苍生，这正是大乘的精神！

虽然玄奘已下定了决心，那烂陀寺内部也已取得了一致意见，然而他还是未能立即归国，因为两天以后，正如那个"露形外道"伐阇罗所预言的，东印度迦摩缕波国（今印度阿萨姆邦西部）拘摩罗王（意译"童子"，又名婆塞羯罗伐摩，意译"日胄"）派来迎请玄奘的使者到了！原来，先前那个因论辩失败在玄奘处为奴的顺世论者获得自由后，就去了迦摩缕波国，在拘摩罗王前竭力称赞玄奘的德行和学识，拘摩罗王本来并不怎么相信佛教，不过他对高僧还是很敬重的，所以就派了使者前来迎请。

戒贤担心戒日王安排的论辩一旦举行，还会来向他要人，所以不打算让玄奘去，就打发来使说，玄奘就要回国了，没时间听命前往。拘摩罗王闻报，又派来使者说，就算要回国，也请他先来一趟，然后再动身，也不是什么难事。戒贤还是没有答应。这下拘摩罗王发怒了，第三次派来使者，威胁道，如再不放玄奘前来，就要率象军踏平那烂陀寺。戒贤无奈之下，只好劝玄奘说："拘摩罗王向来善心薄弱，境内佛法也不流行。自从听到你的名字，似乎有了向佛之意，这大概是因为你和他有前世的因缘吧。出家人以利物济世为本，现在正当其时，你去了那里，或许能使国王发心，那么百姓自然也会跟着信佛，假如不去，恐怕会有祸事，你还是辛苦跑一趟吧。"玄奘见不好推辞，就与使者一起去了迦摩缕波国，这是他游历五印的最东处。

玄奘既然已经来了，拘摩罗王也就忘记了先前的不快，盛情接待了他。在由衷地表达了自己的仰慕之情后，拘摩罗王问道："现在印度许多地方都在歌咏摩诃至那国的《秦王破阵乐》，我很早以前就曾听说过，那就是您的祖国吗？"玄奘回答说："是的，那是赞颂我们君主的乐曲，他的圣德仁爱，远及四方，有很多国家都来朝贡称臣。"《秦王破阵乐》是唐代著名的宫廷乐舞，高祖武德三年（620）时为秦王的李世民大破刘武周，军中即开始有《秦王破阵乐》之曲流传。李世民登基后，亲自绘制了《破阵乐图》，并诏魏徵、虞世南等作词，改名为《七德舞》。通过玄奘的介绍，拘摩罗王对大唐有了进一步的了解，后来在贞观二十一年（647），即戒日王去世的那一年，拘摩罗王遣使来唐，贡献奇珍异宝及地图，并请老子像和《道德经》，这与玄奘当年的沟通显然不无关系，而由于要翻译《道德经》，他又与时已归国的玄奘有了另一段因缘，这当然是后话了。

玄奘在迦摩缕波国停留了一个多月，该国地处边陲，是婆罗门教与民间信仰相结合而形成的各种神秘的怛特罗教派的发源地，居民很少有信仰佛教的，境内甚至都没有佛教的寺院。玄奘到来后，那些外道学者纷纷要求与之论辩，却无一能敌，由此拘摩罗王对玄奘越发敬重了。为答复拘摩罗王的请问，玄奘还造了《三身论》三百颂，来阐扬佛陀的功德。《三身论》是玄奘在印度时撰写的最后一部、也是篇幅最小的一部论书，同样也没有流传下来。从题目看，该论的主旨显然是有关佛陀的三身，即"自性身"（即"法身"）、"受用身"（即"报身"）、"变化身"（即"应身"），这是瑜伽唯识学后期理论发展的重心之一，而玄奘为拘摩罗王造这样的一部论书，其目的大概在于通过阐扬佛陀的功德，使其能仰慕而发起正信。

戒日王征讨恭御陀国回来，听说玄奘在拘摩罗王处，便立即派使者前来迎请。早在即位之初，戒日王就与拘摩罗王结成了联盟，他在东方的军事胜利与势力扩张，很大程度上就得益于这种联盟。然而，这次拘摩罗王却断然拒绝了，而且态度十分强硬："你可以拿我的头去，法师却不能送来！"戒日王闻言大怒，对近臣们说："拘摩罗王小瞧我，怎么能为了一个僧人说这样的粗话！"于是又派来使者，责问道："既然你说可以取你的头，就让来使带回吧。"拘摩罗王也知道先前失言了，深恐因此而得罪了戒日王，便率领象军两万人，乘船三万艘，与玄奘一起，沿殑伽河溯流而上，与正在外巡视的戒日王相会于羯朱嗢祇罗国（今印度比哈尔邦之拉杰默哈尔）。

拘摩罗王在殑伽河北安下行营，让玄奘住下，然后与群臣到河南岸去参见戒日王，戒日王也知道他是敬重玄奘，所以不再计较先前的言语冒犯。拘摩罗王请戒日王第二天亲自去河北行营迎接玄奘，戒日王同意了。

当夜一更左右，河面上燃起了数千根蜡烛，"节步鼓"声响彻云霄，原来是戒日王按捺不住内心的迫切之情，提前渡河过来了。戒日王平常出行的时候，用几百面金鼓，走一步击一下，称为"节步鼓"。在印度所有的国王中，只有戒日王有此仪仗，所以一听鼓声就知道是戒日王来了。戒日王见到玄奘，顶礼赞叹，而后也问到了《秦王破阵乐》，玄奘向他介绍说，摩诃至那国现在的国号是大唐，秦王就是当今的天子，他在未即位前受封为秦王，前朝末年，天下大乱，百姓无主，兵戈四起，残害生灵，秦王天纵神武，以帝子之尊，出任天策上将，振奋军威，剪除群凶，平定海内，四夷宾服，百姓感戴他的恩德，所以作了《秦王破阵乐》来歌颂他。戒日王听了，倾慕不已，于是不久就以摩揭陀王的名义派出使臣来大唐通好。戒日王的使臣于贞观十五年（641）到达长安，唐太宗命云骑尉梁怀璥持节报聘，戒日王闻报，非常吃惊，问周围的人说："自古以来曾经有摩诃震旦国的使臣到过我国吗？"大家都说从来没过。"震旦"又作"真丹""振旦"等，也是指中国。戒日王于是出迎膜拜，接受

100

了大唐的诏书，又再次派出使臣前来朝贡。其后，王玄策还曾三次出使印度，印度的蔗糖熬制技术，也由此传来中国。所以可以说，大唐与摩揭陀国的外交和文化交流，正是由玄奘与戒日王的这次会面发起的。

第二天，戒日王向玄奘索阅《制恶见论》，读完之后非常高兴，对身边的其他法师说："我听说太阳一出来，萤火、蜡烛就失去了光明，天上一打雷，锤子、凿子的声音就听不到了，你们所尊奉的教义，他都已尽破无余，不信你们补救试试。"众僧谁都不敢吭声，戒日王又说："你们的那位上座长老提婆犀那（意译'天军'），自以为学识渊博，见解超群，首先起来倡导异见，时常诽谤大乘，一听说外国的高僧来了，就以要去吠舍厘国观礼圣迹为由，借故躲避，可见你们真是无能。"戒日王的妹妹曷罗阇室利（意译"王胜"或"王吉祥"）曾为羯若鞠阇国前国王之妻，后与戒日王共掌朝政，她是个虔诚的佛教徒，精通正量部教义，此时正坐在戒日王身后，听到玄奘宣讲大乘，内心也非常欢喜，称赞不已。

戒日王此时有了一个新的计划，他觉得玄奘的《制恶见论》写得非常好，而现在只有自己和近旁的法师们信服，这还远远不够，因此他决定在羯若鞠阇国的都城曲女城（今印度北方邦之根瑙杰）召开一次大法会，让五印的沙门、婆罗门、外道都来参加。通过观读玄奘之论，相互公开论辩，从而得以展示大乘的高明精妙之处，使他们断绝毁谤大乘、自以为是的骄慢之心。当天，戒日王就发出了敕告，召集各国相关人士会集于曲女城，而后与拘摩罗王分别率各自部属，沿殑伽河水陆并进，经九十天，于这一年的腊月到达曲女城会场。

此时到达会场的已有十八位国王（一说二十多位）、精通大小乘的法师三千余人、婆罗门及露形外道二千余人，那烂陀寺亦有千余僧到场，这些人的侍从则驾着象车，举着幡幢，各自环绕着自己的主人，方圆几十里内人头攒动，可谓盛况空前。

然而在这次盛会上，有一个人却没有出场，那就是整个事件的始作俑者、写下《破大乘论》的般若毱多。戒日王曾三次派人去请他，第一次他推辞说自己不能乘马；第二次则推辞说车内太热；第三次戒日王让人带了母象去请他，他又推辞说自己年纪大了。这显然都是借口，实际上只有两种可能，一是他不屑应对，二是不敢应对。不过无论是哪种可能，看来他都已经知道了玄奘的《制恶见论》，只是他得知的途径，我们今天已经不清楚了。

大会在第二年即贞观十五年正式召开。戒日王先前已在曲女城建了一座大伽蓝，伽蓝的东面建有宝台，高一百余尺，用于安置金佛像；宝台南建有宝坛，用以浴佛；在此东北十四五里，另建行宫。从二月初一起，先以各种珍味美食供养所有沙门、婆罗门。到二十一日，戒日王一行从行宫前往伽蓝，走在中间的是驮着金佛像的大象，戒日王扮作帝释天（即婆罗门教中的因陀罗，在佛教中成为护法神），手持白拂走在佛像的右边，拘摩罗王扮作大梵天（婆罗门教的主神，在佛教中也成为护法神），手持宝盖走在佛像的左边，佛像前后各有一百头大象，载着乐队吹奏音乐，佛像后另有两头大象，装载着各种花，边走边散，玄奘与戒日王身边地位最高的那些法师各乘大象，跟随在两位国王的后面，而其他各国的国王、大臣及高僧等，则分乘三百头大象，在路的两侧鱼贯而行。

这一庄重浩荡的队伍首先来到宝坛，用香水洗浴金佛像，然后戒日王亲自将佛像背上宝台，与拘摩罗王、玄奘等依次礼拜供养，等众人都就座并用完餐后，又以各种金器钱物施舍佛像及众僧。接下来才是正式的论辩，玄奘为论主，登上讲座颂扬大乘，并讲述《制恶见论》的要旨，又请那烂陀寺的明贤法师当众宣读论文，另抄写一本悬挂于会场门外，依其时论辩的惯例，若有人能难破其中一字，玄奘就必须斩首相谢（一说割舌相谢）。当日论辩到傍晚，众人各自返回住处，第二天又是迎送佛像、集会论辩，此后也天天如此。

论辩进行到第五天，放置金佛像的宝台忽然起了大火，火势蔓延到伽蓝的门楼。戒日王身先士卒，跃入火中扑救，大火才渐渐被扑灭。这突如其来的大火烧毁了一大片建筑，众人心头都布满了不祥的阴云，戒日王倒还比较豁达，对各国国王说，不必过于悲伤，正可由此变故来领悟佛陀所说的世间无常，反倒是件好事。随后，一行人登临东面的佛塔观光，才走下台阶，忽然窜出一个刺客，手持利刃扑向戒日王，戒日王仓促之间，急忙返身走上台阶，以居高临下之势，将此人制服。经盘问，才知道连先前的大火都不是天灾，而是一场人为的阴谋。原来，戒日王明显偏袒佛教，优待佛教僧侣，对召集来的外道没有给予同等待遇，那些外道觉得受了极大的侮辱，其中有五百名很有才学的外道，一起商定，先以火箭射向宝台引发火灾，再乘救火的混乱之机，谋杀戒日王，此计不成，才又派出这个刺客前来行刺。各国国王及诸大臣都请戒日王将这五百外道一并诛杀，戒日王只惩办了首恶者，而将余人逐出了印度境。

为防止类似的事件再度发生，特别是为了确保玄奘的人身安全，戒日王发布了一通措辞严厉的告令。告令中说，中国法师器宇恢宏，学识渊博，为制服群邪，来到印度，他弘扬大法，引导愚迷之人，而那些妖妄之徒不知悔悟，反倒图谋不轨，意欲加害，是可忍，孰不可忍？众人中凡有敢伤害法师者，斩其首，毁骂法师者，割其舌，至于正常的陈述、辩论教义，则不在此限。告令起到了应有的作用，自此那些另有企图的人都不得不有所收敛。

如此经过十八天，虽往返辩论，终究没有人能难破《制恶见论》，大会最终以玄奘的胜利而告结束。临结束前，玄奘再次登上讲座，颂扬大乘，赞叹佛陀的功德。很多人因此弃外道而改信了佛教，或者舍小乘而归于大乘。戒日王愈发敬重玄奘，向他施舍了金钱一万、银钱三万、上等细棉布衣一百套，其他各国国王也都有施舍，玄奘一概不受。按照惯例，辩论得胜者应当乘上一头装饰华丽的大象，上面支起幡幢，由贵臣陪护，在大众中巡游一圈，一路高声宣示，玄奘谦让不就，于是戒日王就让人举着他的袈裟，在大众中宣告说："支那国法师立大乘义，破除各种异见，十八天来无人敢与之论辩，大家皆宜知晓！"众人为玄奘各立美名，大乘众称之为"大乘天"、小乘众称之为"解脱天"，由此玄奘声震五印，获得了极高的荣誉。

东 归 故 邦

在由那烂陀寺去往迦摩缕波国前，玄奘就已收拾好行装，决意归国，因此他离开那烂陀寺时，随身就带着佛经、佛像，现在曲女大会已经圆满结束，他便打算直接从这里启程回国。此时适逢戒日王每五年一次、历时七十五天的无遮大施会即将开办，这已是第六次无遮大施会，戒日王邀请玄奘一同前往，既是旁观、随喜利乐有情的大善举，玄奘欣然答应了。

于是在曲女大会结束后的第三天，玄奘随戒日王一行出发，前往钵逻耶伽国（今印度北方邦之安拉阿巴德）的大施场。大施场位于殑伽河与阎牟那河（即亚穆纳河）两河交汇处以西，方圆十四五里，这里自古以来就被视为圣地，凡王公豪族要进行布施，都选择于此，所以称为大施场，据说在这里施舍一钱，其功德超过在别的地方施舍百千钱。戒日王一行到达时，这里已聚集了来自五印各国的僧俗五十余万人，于是戒日王依次施佛、施僧、施外道、施鳏寡孤独及穷人乞丐。历时两个多月，将府库五年的积蓄乃至身上的衣服、珠宝等全都施舍一空，只留下用于征战的兵器、象、马，最后戒日王向他妹妹要了一件粗布衣披上，合掌礼佛后说："真是高兴啊！现在我所有的财物才算真正放入了坚固不坏的宝库。"诸国国王从受施者那里赎回了戒日王的衣服及随身珠宝，重新让他穿戴整齐。

无遮大施会结束后，戒日王又挽留了玄奘十多天，甚至连原本不怎么相信佛教的拘摩罗王也提出，要为玄奘造一百座寺庙，请其留下。玄奘去意已决，向他们陈述了自己的苦衷："支那国离此路途遥远，很晚才见闻佛法，虽然初识大意，然不能具悉原委，为此我才西来求法，现今能如愿以偿，都是由于本土贤士思慕深切之所致，所以不敢片刻忘怀。佛经中说，阻碍别人得闻佛法，会世世代代成为无眼之人。假如留我在这儿，从而让无数的修行者失去得闻佛法的利益，无眼的报应难道不令人畏惧吗?"戒日王听他这么说，也就不再勉强，对玄奘说："我只是敬慕师父的德行，所以愿意长久奉养，既然会因此而损害很多人的利益，内心确实有所畏惧，那就任由师父决定吧。但不知您从那条道回去?若是取道南海，我派使者送你。"取海路回国是当时最为便捷的方案，这条路线是从东印度的耽摩栗底国（今印度西孟加拉邦米德纳布尔县之德姆卢格）或南印度的建志补罗（今印度泰米尔纳德邦之马德拉斯西南）等港口出发，途中还可在僧伽罗国（今斯里兰卡）停留，再浮舟南海，于中国南方的广州等地登陆或进而北上，稍后义净出入印度，均循此海路。但此时玄奘并不知麹氏高昌已于贞观十四年（高昌延寿十七年）覆亡，为履行十多年前与高昌王麹文泰之约，他决定舍易就难，宁取陆路。

戒日王与拘摩罗王都施舍了大量的钱物，玄奘一概不受，只取了拘摩罗王的一件披肩，用于路上防雨。前来参加法会的北印度乌地多王此时也要归国，正好顺路护送玄奘。戒日王后来又交给乌地多王一头大象、三千金钱、一万银钱，供玄奘路上使用，玄奘还是坚辞不受，众僧都劝他说："这是很特别的事情！自从佛陀灭度以来，历代君王对佛门虽然有各种各样的布施，却从来没听说过布施大象的，大象是我们的国宝，戒日王现今惠施于你，真可谓崇信之极。"玄奘于是接受了大象，而其余钱物则一概奉还。此象确为庞然大物，有一丈三尺高、二丈左右长，上面可容八人，同时还能装载所有佛经、佛像及其他杂物。玄奘当时可能没料到，这头大象后来为他归国提供了极大的便利。出发之日，戒日王一行相送至几十里外，双方依依惜别，众人都悲泣不已。更令人感动的是，分别三天之后，戒日王与拘摩罗王等又各率轻骑数百，赶上玄奘，再次为他饯行，真可谓情深谊重。戒日王还派出四名散官，带上国书，请沿途所经诸国一路护送，直至唐境。这样在西行十五年之后，玄奘终于踏上了归国之路，此时是贞观十五年，玄奘已经四十岁了。

因为有各国国王一路遣人护送，玄奘归国之行相对来说比较顺利。他与乌地多王一行从钵逻耶伽国出发，经憍赏弥（今印度北方邦之安拉阿巴德西南）等数国，到达毗罗删拏国（一说在今印度北方邦之埃塔）都城。曾与玄奘论辩过的那烂陀寺学僧师子光等正在这里讲学，他们都很高兴能再次遇到玄奘，就请玄奘开讲《瑜伽论》《唯识决择论》及《对法论》等，历时两个月。离开此地，玄奘再西北行经数国至阇烂达罗国（今印度旁遮普邦之贾朗达尔），此地为乌地多王都城所在，乌地多王也就此与玄奘辞别，而另外遣人护送。年近岁末，玄奘一行到达僧诃补罗国（今巴基斯坦旁遮普省之恰夸尔附近）。

贞观十六年（642），玄奘从僧诃补罗国出发，穿越山涧而行。这里多有盗贼出没，玄奘让一位僧人走在前面，嘱咐他说，假如遇到盗贼，就告诉他们，自己是西来求法僧，所带行李都是佛经、佛像等，请他们放行，不要另起异心。玄奘则率众人随其后。这样，一路上虽然也几次遇到盗贼，但都有惊无险，终于在二十多天后平安到达了呾叉始罗国（今巴基斯坦之拉瓦尔品第附近）。呾叉始罗国东北就是迦湿弥罗国（今克什米尔一带），迦湿弥罗国王派了使者前来迎请玄奘，考虑到象行较慢、辎重又多，玄奘便谢绝了。

再向西北行进三天，宽达五六里的信度河（今印度河）横亘于前，玄奘让同行者携带佛经、佛像坐船渡河，自己则直接乘大象过去。将到河中之时，忽然起了大风浪，渡船差点被掀翻，看守经像的人也落入了水中。后来人虽然被大家救了起来，却因此丢失了五十夹经书和一些准备带回国的珍贵花种。迦毕试王此时正在河对岸的乌铎迦汉荼城，听说玄奘到了，就亲自来河边迎候。他告诉玄奘，此河中多有毒龙恶兽，自古以来，凡有携带印度的奇花异宝及佛舍利渡河的，渡船都会被大风浪倾翻。这种说法当然只是民间传闻，不过当时的人包括玄奘在内还是颇信以为真的。有意思的是，也许正是从玄奘的这段经历演义出了小说《西游记》中，所谓九九八十一难的最后一难的情节——唐僧师徒归国途中，在渡通天河时被老鼋抛入水中，将所有的经书都打湿了。

玄奘于是与迦毕试王一起回到城中，在一座寺庙内停留了五十多天，派人到乌仗那国（即乌苌，今巴基斯坦之斯瓦特地区）去抄写丢失的饮光部三藏。迦湿弥罗国王闻玄奘在此，也赶来参拜，过了好几天才回去。随后玄奘与迦毕试王同行，至滥波国（今阿富汗之拉格曼省）都城，在这里，迦毕试王也为玄奘举办了一次为期七十五天的无遮大施会。会后，迦毕试王一路护送，经伐剌拏国（今巴基斯坦西北部之本务）、阿薄健国，出印度境，复经漕矩吒国（隋代称"漕国"，今阿富汗东南部之加兹尼一带）、弗栗恃萨傥那国而达迦毕试国（今阿富汗喀布尔以北之贝格拉姆城）。迦毕试王在本国又举办了一次为期七天的大施会，然后与玄奘辞别，另遣大臣率百余人护送玄奘过大雪山。大雪山即现在的兴都库什山脉，玄奘一行从婆罗犀那山岭（可能就是现在的哈瓦克山口）穿越而过，那里山高风急，险象环生，攀越极为艰辛，等到越过此岭，一行人只剩下七名僧人和二十多名雇佣。越过大雪山即是睹货罗故地，该年岁末，玄奘一行首先到达位于睹货罗故地的安呾罗缚国（今哈瓦克山口以西之杜希河一带）。

贞观十七年（643），玄奘一行从安呾罗缚国出发，经阔悉多国（今阿富汗东北之霍斯特河流域）至活国（今阿富汗之昆都士），拜会了统叶护可汗之孙，他当时统有睹货罗故地，也自称叶护。随后，玄奘一行经曹健国（今阿富汗之汗纳巴德、塔卢坎一带）、呬摩呾罗国、钵铎创那国（今阿富汗之巴达赫尚省）、淫薄健国（位于今阿富汗东北之科克查河流域）、屈浪拏国（位于今阿富汗东北之科克查河上游）、达摩悉铁帝国（即"护密"，今阿富汗东北之瓦罕一带），出睹货罗地，由尸弃尼国（即"识匿"，今帕米尔之锡克南）、商弥国（即"赊弥"，今巴基斯坦之马斯土季与奇特拉尔之间），至波谜罗川（今帕米尔）。波谜罗川即汉代以来中国所说的葱岭，因为山腰以下多长山葱，故得此名。从这里向东进发，大约穿越帕米尔高原上的明铁盖山口，就进入了今天的中国境。然后经过揭盘陀国（即"蒲犁"，今新疆塔什库尔干县），又东北行五日，玄奘一行再次遇到群贼，同行的商人惊恐之下纷纷向山上逃窜，而大象

111

被群贼驱逐，从山上疾奔而下，象牙不小心插到了河边的树上，一时不能拔出，河水又渐渐涨起来，大象就这样被淹死了。这让玄奘失去了归国途中最重要的运载工具。贼人走后，一行人又继续向东进发，出葱岭，经乌铩国（今新疆英吉沙与莎车县一带）、佉沙国（即"疏勒"，今新疆喀什市一带）、斫句迦国（即"沮渠"，今新疆叶城县），于该年岁末抵达瞿萨旦那国（即"于阗"，今新疆和田县）。

贞观十八年初，玄奘到了瞿萨旦那国的勃伽夷城（今新疆皮山县东南），国王听到消息后，亲自前来迎请，并留下王子一路护送。这样向东走了三百余里，到达瞿萨旦那国都城，国王将玄奘安置在一座小乘说一切有部的寺院里。于阗原本就盛行小乘说一切有部，曹魏甘露五年（260），中国西行求法的第一人朱士行到达此地，抄得《放光般若经》的胡本，准备送回洛阳，就曾为该国的小乘学者所阻。大约在5世纪之后，这里开始流行大乘佛教，对中国佛教影响极大的《华严经》，就是从于阗传来的，所以在玄奘到达该国时，虽然此地已是以大乘佛教为主，但是还有小乘的寺院。由于先前渡印度河时经卷丢失，玄奘又派人前往屈支、疏勒等地寻访。在此玄奘获悉麹氏高昌已亡、麹文泰已死，既然无法再履约前往高昌，也就打算直接回国了。只是当初西行未经官方许可，属于偷渡出国，玄奘还不敢确定朝廷现在对他的态度，于是他就写了一道表文，请高昌人马玄智随商队前往长安代奏。在表文中，玄奘大致陈述了自己的情况，说当年冒犯朝廷法令，私往天竺，只是为了求取佛法，虽然历经千难万苦，幸赖朝廷天威所佑，终于如愿以偿，现在已在归途中，到了于阗，只因经本众多，大象溺死而无鞍马运载，所以不能尽快谒见，不胜仰望之至。因为于阗王的盛情挽留，玄奘也就暂时留在于阗，并应邀为国王及僧俗依次开讲《瑜伽论》《对法论》《俱舍论》《摄大乘论》，每天都有上千人听讲。七八个月后，使者还报，带来敕令说，唐太宗闻奏非常高兴，欢迎玄奘归国，并让沿途各地派人迎接。于是玄奘就从于阗出发，经媲摩城（今新疆策勒县北）、尼壤城（即汉代之"精绝国"，遗址在今新疆民丰县城北沙漠中），入大流沙（今塔克拉玛干沙漠），复经睹货罗故国（今新疆且末县境内）、折摩驮那故国（即"沮末"，今新疆且末县城）、纳缚波故国（汉为"楼兰"，后为"鄯善"，今新疆若羌县境内），展转达于唐境。玄奘出国时，走的路线是中道转北道，而此次归国走的则是南道。

到了沙州（今甘肃省敦煌市），玄奘又上表报知行踪，当时唐太宗正在洛阳，准备征伐辽东（指中国东北辽河以东地区及朝鲜半岛北部，当时为高句丽据有），遂命京城留守、左仆射、梁国公房玄龄负责接待。玄奘恐来不及与唐太宗会面，便兼程而行，终于在贞观十九年正月二十四日到达长安西郊。自贞观元年八月出发西行，至此首尾已十九年，时玄奘四十四岁。

负责迎候的官员没想到玄奘这么快就到了，仪仗都还没来得及准备好，而老百姓听说后则纷纷前来观瞻，堵塞了整个街道。玄奘无法进城，当晚就住在了西郊。第二天即正月二十五日，房玄龄派官员将玄奘迎入城内，安置在朱雀街西由北向南第二坊通化坊内的都亭驿。玄奘归国，共带回佛典五百二十夹，六百五十七部，包括大乘经二百二十四部，大乘论一百九十二部，上座部三藏一十四部，大众部三藏一十五部，正量部（音译"三弥底"）三藏一十五部，化地部（音译"弥沙塞"）三藏二十二部，饮光部（音译"迦叶臂耶"）三藏一十七部，法藏部（即法密部）三藏四十二部，说一切有部三藏六十七部，因明论三十六部，声明论一十三部，此外，还有佛像七躯、如来肉舍利一百五十粒、骨舍利等一函。这些佛典法物当天被集中在朱雀街之南，而后送往弘福寺安置。朱雀街位于长安城南北中轴线上，是长安城的主干道，弘福寺位于朱雀街西第三街、街西由北向南的第一坊修德坊内，寺址在今西安火车西站北，系贞观八年（634）唐太宗为其生母窦太后追福而建，中宗神龙元年（705）改名为兴福寺。可见这次官方的安排，是有意让运载佛经、佛像的仪仗车队由南向北穿越整条朱雀街，向大众公开展示玄奘西行的成果。长安士庶倾城而出，竞相聚于路边观瞻，烧香诵经者延绵不绝，可谓盛况空前。而玄奘却避开了这一热闹非凡、无限风光的场合，独自一人留在驿馆内。对玄奘来说，世俗的荣耀与名利早已不能动其心，然而为了译经、弘传佛法，他又不得不在尽量不违背自己原则的前提下寻求政治上的支持，这种不可明言的无奈与苦涩，一直缠绕着他的整个后半生。

第4章

译 经 弘 法

政 教 之 间

早在东晋十六国时代，中国佛教自主化发展的奠基者道安（312—385）就曾一语道破了中国佛教的基本环境："不依国主，则法事难立。"对此玄奘同样有着清醒的认识，他后来曾对来译场的朝臣们说："内阐住持，由乎释种，外护建立，属在帝王。"意思是，弘传佛法固然是僧人的使命，却需要依托帝王的庇护。这并非只是一时的客套敷衍之词。因此，一回到中土，他就迫切地希望能与唐太宗会面，以寻求最高统治者的支持。

贞观十九年二月一日，玄奘赶到洛阳，唐太宗派人将其迎入了洛阳宫内的仪鸾殿。坐定后，唐太宗首先问道："法师当年西行前为何没有禀报？"玄奘回答说："当时我也曾再三上表奏请，只是由于诚愿微薄，所以没有得到允可，怎奈求法心切，遂乃私自出境西行，对此专擅之罪，深感既愧且惧。"唐太宗其实并不想再深究此事，只是需要在场面上有一个交代，听完玄奘一番委婉陈词，便也给了一个顺水人情："法师既已出家，便与世间俗人不同，你能舍命求法，惠利天下苍生，朕深为嘉许，也不必再有愧疚之感。"唐太宗接下来就向玄奘询问印度各地的风土人情，这些都是西汉时通西域的博望侯张骞未曾传闻，《史记》与《汉书》也没有记载的，而玄奘既曾亲历其地，凭着记忆一一对答，有条不紊。唐太宗听了非常高兴，对身边的侍臣们说："当年前秦的苻坚曾将道安称作神器，举朝尊之。朕观玄奘法师谈吐风雅、高风亮节，不但无愧于古人，而且还远出其上。"在场的赵国公长孙无忌也表示赞同。随后，唐太宗提议："西方佛国离此遥远，前代的史书未能详尽完备地予以记载，法师既曾亲历亲闻，应当修一部书，用来告诉那些未知者。"秉承唐太宗的这一旨意，玄奘就撰写了著名的《大唐西域记》十二卷，于次年即贞观二十年七月完成并上表进呈。

现在我们看到的《大唐西域记》，题为玄奘译、辩机撰，实际上与玄奘所翻译的其他经论不同，此书不是从梵文本翻译过来的，而是由玄奘口述、辩机笔录整理而成。辩机早年从长安大总持寺道岳（568—636）法师出家，前面曾经谈到，玄奘在出国前也曾向道岳学过《俱舍论》，不过辩机是否在玄奘出国前就已出家却不得而知。玄奘归国后，辩机被征召入玄奘译场，至少在贞观二十二年（648）前还在协助玄奘译经，后因与高阳公主（**太宗第十七女，下嫁房玄龄次子遗爱**）私通，被处腰斩极刑，所以僧史不为之立传，其事多有不详。《西域记》基本按照玄奘西行的路线，逐次记载了其沿途所经诸国的地理形势、气候物产、风俗语言、宗教文化等方面的具体情况，其中玄奘"亲践者一百一十国，传闻者二十八国"，是一部公认的极具史地、考古学价值的名著。

雄才大略的唐太宗一向求贤若渴、知人善任，要纳"天下英雄入吾彀中"。他见玄奘有堪任公辅之才，特别是其西游的特殊背景有助于大唐开疆拓土、顺化万邦，因此力劝玄奘还俗辅政。玄奘志不在此，婉拒道："我从小出家，信奉佛法，学习的是佛家的学说，从未接触过儒家的治国理论。如今让我还俗，无异于将船搬到陆地上，不但无用，而且只会让船朽烂。但愿能只身行道，以报国恩，则玄奘幸甚。"唐太宗见玄奘态度坚决，也不再勉强。

当时唐太宗正在洛阳征调各地兵马，准备向辽东用兵，军务繁忙，时间仓促，本来只想与玄奘短暂地会上一面，孰料兴致越谈越高，因为玄奘提供的是第一手的有关西域、印度的资料，可作为制定大唐对外战略决策的重要参考，这正是他最感兴趣的话题。当日不觉已到日落时分，唐太宗还意犹未尽，于是便邀请玄奘随军东征，一路可继续叙谈。这当然也不是玄奘此行的目的，他不得不再次婉拒说，行军作战不在自己的能力范围之内，只会增添不必要的麻烦，并且戒律当中也曾明确规定，出家人不能观看兵戎战斗，请唐太宗能够体谅。

谈完唐太宗感兴趣的内容，玄奘开始转入自己此行的正题，他向唐太宗提出请求，希望能支持他去嵩山少林寺译经。少林寺位于少室山北麓，系北魏孝文帝于太和二十年（496）为从天竺来华的佛陀禅师（又作"跋陀"）所建。据《慈恩传》的说法，稍后菩提留支曾在此译经，不过，在僧传及经录中似乎并没有相关记载。玄奘希望去少林寺译经，至少有两个考虑，一是少林寺地处山林，环境幽静，可以避免诸多人事及俗务的干扰；二是少林寺离洛阳及玄奘的家乡缑氏都不远，既有家乡的亲切感，又能方便调配译经所需的各种人力、物力资源。对此唐太宗却并没有爽快地答应，而要玄奘就在长安的弘福寺译经。如上所述，弘福寺系贞观八年唐太宗为其生母窦太后追福而建，在京城诸寺中地位很高，让玄奘住弘福寺，一方面固然是对他的尊崇；另一方面，将玄奘这样颇具声望的高僧留在京城，尊崇的同时更是为了便于控制。

确定了译经的地点，玄奘又进而请求征调各地的高僧大德，组织译场，唐太宗起初也还是没有同意，说："法师通达唐梵两方，语词、义理都非常圆熟，再找其他的人，恐怕是多此一举，反倒有损佛典的翻译。"这表面是称颂玄奘，其实是想将佛典翻译限定在玄奘个人行为的范围内，不采取官方公开组织的形式，而玄奘所需要的，则是这种官方的支持。于是他再次据理力陈："当年姚秦时有三千门徒参加译场，还担心后人不了解情况而对译本有所怀疑，若不寻求同道共译，怎能以一人之所见对佛典妄加揣度？"这样一再请求，唐太宗方才应允。玄奘又要求在弘福寺加强门卫，以防干扰，唐太宗也都同意了，并责成留守京城的房玄龄具体一一安排落实。玄奘的洛阳之行，至此已基本达成目的，于是辞别唐太宗，于三月一日返回长安，着手译场的各种准备工作，征调各地高僧前来参与译场，并于五月正式开始在弘福寺译经。

贞观二十年（646）七月十三日，玄奘将一年多来译成的五部佛典共计五十八卷、连同《大唐西域记》十二卷一并上呈朝廷，并请唐太宗仿照为弘福寺佛像开目的先例，御撰经序，置于所翻经论之前。唐太宗推辞说："朕学识浅薄、心智愚拙，尚且迷失于尘世万物，更何况高深精妙的佛法，又岂能窥测？至于新撰的《西域记》，则自当披览。"玄奘再次上表恳请，唐太宗才答应下来。

贞观二十二年五月十五日，玄奘完成了《瑜伽师地论》一百卷的翻译。七月一日，唐太宗召请玄奘赴玉华宫觐见。玉华宫乃避暑行宫，位于坊州宜君县（今陕西省宜君县）凤凰谷，系贞观二十一年七月唐太宗在原仁智宫的基础上扩建而成。后于高宗永徽二年（651）九月废宫为寺，是为玉华寺，显庆四年（659）以后，玄奘就移住玉华寺译经，最后也在玉华寺去世。此次唐太宗召请玄奘，原本还是想劝其还俗辅政，他引用《尚书》说周武王有十臣、《论语》说舜有五臣的典故，来说明明君尚需依仗贤臣辅佐，自己更是求贤若渴。玄奘应对如流，首先分五个方面称颂了贞观朝的文治武功，说这些都是唐太宗英明神武之所致，未尝假手于臣下；再者，即便需要贤臣相助，朝中像商代的伊尹、周代的吕尚那样的人物也很多，自己鄙陋无能，不堪辅政之任；最后，玄奘再次表明了自己的志愿，只愿严守佛门戒律，终身阐扬佛陀遗教，希望圣上能够体谅支持。唐太宗毕竟有自知之明，他也知道，贞观盛世并非仅出于他一人之力，玄奘的一番歌功颂德是为了持志守节、拒绝让他还俗的要求，不过他听了还是非常高兴，说："法师既欲阐扬佛家妙道，朕也不能违背你的志愿。好好努力吧，从今以后朕定当协助法师弘道。"

随后，唐太宗问玄奘近来翻译什么经论，玄奘回答说，刚翻完《瑜伽师地论》，共一百卷，并大致介绍了该论的大纲要义。唐太宗听了很感兴趣，派人从长安将译本取来，亲加披览，觉得此论文辞、义理宏阔渊深，从来都没有听说过，不由感慨地对身边的侍臣们说："朕观佛经就好比观天望海，莫测高深，法师竟能在异域求得如此深法。朕因为向来忙于军国大事，未能仔细探寻佛教，而今观之，其宗旨、渊源深远旷阔，没有边际，儒道九流与之相比，犹如水池之于大海，世人说儒释道三教同一旨归，纯属妄谈。"于是令官员挑选秘书省（**相当于国家图书馆兼档案馆**）书手将新翻佛典抄为九部，分别发放雍、洛、并、兖、相、荆、扬、凉、益九州辗转流通。

七月十四日（**一说十七日**），唐太宗赐玄奘袈裟一领、剃刀一口。这件袈裟价值百金，是后宫奉太宗之命多年制作而成，它用料考究，做工精巧，甚至都看不出针线的出入。

八月四日，经玄奘再次启请，唐太宗终于为他新译佛典撰写了经序，名曰《大唐三藏圣教序》，全文共计七百八十一字，太宗亲笔写就，又命弘文馆学士上官仪在玉华宫明月殿当众宣读。序文描述了佛教及其东传、玄奘西游及其译经的大致情形，称玄奘为"法门之领袖"，"超六尘而迥出，只千古而无对"。太子李治在读了《圣教序》后，也写了一篇《述三藏圣教序记》，简称《述圣记》，共计五百七十九字。八月二十六日，李治亲书《述圣记》赐予玄奘。九月，李治又秉承唐太宗旨意，为玄奘所翻的第一部佛典《菩萨藏经》撰写了后序，此篇后序不载于现存的《菩萨藏经》，但是被《慈恩传》保存了下来。

唐太宗的《圣教序》开创了中国历史上由帝王为某一译师翻译的全部佛教经典撰写序文的先例，此后武则天、唐中宗及宋代的宋太宗、宋真宗都曾撰写过类似的《圣教序》，但其影响都不及唐太宗的这一篇。不难想见，唐太宗的《圣教序》及太子李治的《述圣记》，在当时产生了如何大的社会效应。弘福寺主圆定法师及京城的高僧进而奏请将《序》《记》二篇刻石留存，太宗允准。大约是因为不久玄奘就移住大慈恩寺，首次刻石是在大慈恩寺。碑立于永徽四年（653），即大雁塔基本落成之时。碑文楷书篆额，褚遂良书丹，万文韶上石，《序》《记》分刻二碑，《记》文自左向右，与《序》文相对。此碑今存西安大慈恩寺大雁塔下，世称"雁塔圣教序"。弘福寺则直到咸亨三年（672）十二月，才由寺僧怀仁集王羲之行书刻石，除《序》《记》外，另刻有玄奘与太宗、太子李治间的答敕与《心经》全文，此碑现存西安碑林。除这两块碑外，《圣教序》及《述圣记》碑还有两种，一于龙朔三年（663）立于同州（今陕西省大荔县）冯翊，世称"同州圣教序"，此碑题褚遂良书，但龙朔三年上距褚遂良逝世已五年，所以一般认为是"雁塔圣教序"的摹本，也有认为是褚遂良的别写本，碑现亦存西安碑林。二于显庆二年（657）立于偃师昭提寺，此碑亦楷书篆额，王行满书丹，沈道元刻石，碑于乾隆二十五年（1760）移置县学，1966年被砸毁，现仅存碑首及约三分之一的碑身，藏河南偃师商城博物馆。此四种碑石特别是前两种，向为书法爱好者所重，有多种拓本行世。

唐太宗早年戎马倥偬，即位后又励精图治、殚精竭虑，身体原本就已严重透支，贞观十九年的征辽旷日持久、耗费巨大，却未能完全征服高句丽，回朝后唐太宗患上了重病，身体日渐虚弱，因此他对佛教的态度逐渐开始有了微妙的变化，特别是贞观二十二年六月在玉华宫与玄奘会面后，他更加笃信佛教的因果报应与福田功德，迟迟没有动笔的《圣教序》，即因之而写就。随后，他再次向玄奘请教，做什么功德利益最大，玄奘告之以度僧，太宗于是在九月一日下诏，令京城及天下诸州每寺各度僧五人，弘福寺度五十人。当时全国共有寺院三千七百一十六所，这一次就剃度僧尼达一万八千五百多人。

唐太宗又与玄奘讨论《金刚经》。玄奘告诉他，鸠摩罗什翻译的《金刚经》有误译之处，如经题为"金刚般若经"，这是以金刚的坚固不坏、无物不摧来比喻般若智慧，而从梵文本看，应译为"能断金刚般若"，是比喻众生的分别烦恼坚如金刚，而唯有以此经所说的般若智慧才能断除。简言之，前者是以金刚比喻能断的般若，后者是以金刚比喻所断的烦恼，两者正好相反。此外，罗什译本还有其他缺译处。唐太宗于是命玄奘完全遵照梵本重译，十月一日，玄奘于玉华宫弘法台译成此经，后收入其晚年所译的《大般若经》，成为《大般若经》的第九会（第五百七十七卷）。虽然玄奘对此经的翻译更符合梵文原本，然而甚至直到今天，为国人所讽诵研习者依然还是罗什译本，可见中土对佛典的接受并不是以其准确性为唯一尺度的。

十月十六日，玄奘随唐太宗回京。唐太宗在宫城北阙紫微殿西别设弘法院，让玄奘住在那里，晚上译经，白天则可以陪太宗谈论。此时，太子李治为其母长孙皇后荐福而建的大慈恩寺即将完工。长孙皇后于贞观十年六月二十一日去世，其年十一月四日葬于昭陵。贞观二十二年七月一日，李治为报母恩，敕令官员在京城中寻找一座废旧寺院重加营建，最后就选定了位于朱雀街东第三街、街东由北向南第十一坊晋（"晋"亦作"进"）昌坊内的故净觉伽蓝（有说为隋代的无漏寺，武德初年废）。那里南临曲江池，风景之幽胜，为京城之最。经过数月扩建翻修，新寺有十余院落，共计一千八百九十七间房，占有晋昌坊东边一半之地，面积折合达三十九万一千五百平方米，规模宏大，美轮美奂，极尽华丽庄严。十月一日，李治宣布，奉唐太宗敕旨，为此寺度僧三百名，此外再请五十名大德入住，共扬佛法，此寺正式命名为大慈恩寺。又于寺西北角，另建翻经院，令玄奘移就译经，同时担任上座，总领寺务。玄奘以体弱多病为由，力辞上座之任。

十二月二十三日，朝廷举行盛大仪式，迎送佛像、高僧入住大慈恩寺。清晨，队伍汇集在皇城西北安福门外，有一千五百多车乘，先前往弘福寺，迎取早先放置在那里的佛像以及玄奘从印度带回的佛经、佛像、舍利等，太宗与太子、后宫嫔妃们在安福门楼上手持香炉目送，都非常高兴。从弘福寺请得经像后，即安置在车上，车后依次是高僧、京城僧众、文武百官的队伍，太常卿、江夏王李道宗领宫廷九部乐，列于路的两侧行进，九部乐后则是万年、长安二县的乐队，队伍钟鼓齐鸣，幡幢遮天，浩浩荡荡，一路前往大慈恩寺，沿途观者达数万人。到大慈恩寺门，由赵国公长孙无忌、英国公李勣（即徐世勣）、中书令褚遂良手持香炉引

126

入，将佛经、佛像安置于殿内，再奏九部乐、《破阵乐》等。十二月二十六日（一说二十四日），举行度僧仪式，太子李治率嫔妃亲来观礼、礼佛，又来到玄奘住所，题诗一首贴于门上。当天，唐太宗即命玄奘重返北阙弘法院。

贞观二十三年（649）四月二十五日，玄奘陪同太宗、太子前往位于终南山太和谷的离宫翠微宫。唐太宗在处理政务之余，唯与玄奘谈玄论道，请教因果报应及西域先圣遗闻故迹。听玄奘引经据典、娓娓道来，不由感慨万千，说："只可惜朕与法师相识太晚，不能广兴佛事。"五月二十六日，唐太宗在翠微宫寝殿含风殿病逝，终年五十二岁。当月二十九日发丧，六月一日殡于大内正殿太极殿，太子李治即位，次年改元永徽，是为高宗。八月十八日，葬唐太宗于昭陵。

玄奘因之返归大慈恩寺，从此专心于译经，不弃寸阴。每天他都确定好翻译进度，如白天有事来不及完成，晚上则继续赶译，译完后礼佛，到三更才稍事休息，五更又起来，诵读梵本，用朱笔圈点，准备当天的翻译。每天玄奘于斋后、黄昏两次开讲新翻经论，并为各州学僧解惑答疑。夜间，寺内百余弟子都过来请益，室外廊道上站满了人，玄奘皆一一回应，无有遗漏。他还时常和大家谈论西方圣贤立义、诸部异说及少年游学往事，高谈阔论，不知疲倦。由于担任寺主，一应寺务都要向玄奘请示，朝廷做功德，造像写经，也要玄奘安排，虽然事务繁忙，他都能应付自如，处理得有条不紊。

永徽二年正月八日，瀛洲刺史贾敦颐、蒲州刺史李道裕、谷州刺史杜正伦、恒州刺史萧锐来京朝觐，因请玄奘为之授菩萨戒。两年前，玄奘曾先后从《瑜伽师地论》中录出《菩萨戒羯磨文》一卷、《菩萨戒本》一卷，此时即依之而为四刺史受戒（现在授菩萨戒则用《梵网经菩萨戒本》），然后又为他们讲了菩萨行法。贾敦颐几人非常高兴，施舍了净财，并修书表示礼谢。

永徽三年（652）三月，玄奘奏请于大慈恩寺端门之南造一座石塔，用来保存从印度带回的佛经、佛像、舍利等，以防年久散失及火灾等意外。高宗建议用砖，以方便营造，地点也改在了寺的西院。玄奘亲自参与施工，搬土运砖，历时两年而建成。此塔仿印度样式，砖表土心，五层方形，塔基面各有一百四十尺，并相轮等共高一百八十尺，每层中央都藏有一千到二千粒舍利，总计有一万多粒，上层以石为室，以作供藏佛经、佛像等用，塔下南面两侧，立褚遂良所书太宗《圣教序》、高宗《述圣记》碑，这就是著名的大雁塔。

大雁塔的名称可能来自玄奘在印度时见到的一座同名的

佛塔，即位于王舍城东的亘（hēng）娑塔，"亘娑"乃"雁"的音译。据说住在那里的僧人原本是信小乘的，允许吃三净肉，后来能吃的肉食不能按时获得，有一个僧人忽见一群大雁飞过，就戏言道："今日僧众无肉可食，菩萨应该知道是时候了。"话还没说完，一头大雁就掉了下来，死在了那个僧人面前。众人得知后，都感到既惭愧又悲伤，从此改信了大乘，不再食肉。为表彰那头大雁，僧人们将它埋了起来，上面建了塔，这就是亘娑塔的由来。

现在已不清楚，从什么时候开始，玄奘在大慈恩寺造的这座塔被正式命名为大雁塔，至少从现存文献记载来看，在玄奘当时还没有这一名称。可以肯定的是，玄奘造的这座塔并没有保存下来，由于塔心是以泥土堆积而成，不久以后就有草木长出，塔因之逐渐坍塌，武后长安年间（701—704），将其拆除并改建为方形七层楼阁式砖塔，内有盘梯，可逐层登攀，这才是今天作为西安市象征的大雁塔。

此前，在贞观二十一年八月六日，玄奘译成陈那弟子商羯罗主所造《因明入正理论》一卷，贞观二十三年十二月二十五日，又译陈那所造《因明正理门论》一卷，将陈那早期以研究逻辑推论为主的新因明学说传入中国，引起了国内学界的极大兴趣，不仅参与译场的神泰、靖迈、明觉等先后为之撰写了义疏，就连对佛教并无太多好感的尚药奉御吕

129

才，也在公务之余独立研究因明，由此在永徽六年（655）与玄奘门下展开了一场大论战。

吕才其人，史称"聪明多能"，尤长于声乐、阴阳术数。有一次，唐太宗读北周武帝所撰的象棋谱《三局象经》，没能看懂，吕才回去后才研究了一个晚上，第二天就能作图解释，遂因此知名。他对因明的研究同样也是凭借自己的才智，独立钻研，无所依傍，因为发现神泰等三家义疏有互为矛盾之处，所以撰写了《立破注解》三卷，提出不同于三家的新说四十余条，文中凡有难解之处，又另外画为"义图"，以便互为参照，使之明了易晓，他还画了一张大图，用来论列自己的观点，此文与图合称为《因明注解立破义图》。与吕才的其他著作一样，此书现已亡佚，唯有序文还保存在《慈恩传》中。

永徽六年七月一日，玄奘门下慧立致书左仆射、燕国公于志宁，指责吕才是以常人之智，对因明妄加穿凿，以此诽谤诸师正说。十月一日，太常博士柳宣作《归敬书偈》支持吕才，公开向译经群僧挑战，希望他们能平等讨论，以理服人，并在必要时请玄奘亲自裁定正误。十月四日，译经僧明浚以《还述颂》作答复，除了重申吕才是师心自用、妄加穿凿外，还列举了他的一些具体错误。十月七日，柳宣在读了明浚的答书后，力劝吕才将此事上奏朝廷，高宗下诏，令诸公、学士一并前往大慈恩寺，请玄奘与吕才当面对论，玄奘一一质难、析毫剖厘，最后吕才不能应对，拜谢而出。

永徽六年十月十三日，唐高宗废皇后王氏为庶人，十九日，立昭仪武氏为后，在朝廷内外闹得沸沸扬扬的废立皇后风波终于有了结果，自此武则天开始逐步掌控朝政。永徽七年（656）正月六日，高宗又废皇太子李忠（高宗长子），立代王李弘（高宗五子，武则天长子）为皇太子。正月七日，改元显庆，是为显庆元年（656）。正月二十三日，唐高宗在大慈恩寺为新立皇太子设五千僧斋，并敕朝臣前往进香。黄门侍郎薛元超、中书侍郎李义府借此拜会了玄奘。言谈中，玄奘请他们代为奏请二事：其一，希望朝廷依循自前秦苻坚、后秦姚兴以来的译经惯例，简派官员襄助译事；其二，建议为大慈恩寺立碑，以传后世。高宗准奏，于二十四日（一说二十七日）下敕，令尚书左仆射于志宁、中书令来济、礼部尚书许敬宗、黄门侍郎薛元超、杜正伦、中书侍郎李义府等时往译场查阅，译文有不妥当处，即为修正润色。高宗应允，并亲自为大慈恩寺撰写碑文。

唐高祖时，宫中有一位婕妤（宫中女官名），是隋代著名文人薛道衡的女儿，也就是薛元超的亲姑母。高宗幼时，曾从这位婕妤受学，故即位后封之以河东郡夫人。后来夫人志愿出家，高宗就在禁苑内为她造了一座鹤林寺（后改名隆国寺）。夫人出家后，法号宝乘。显庆元年二月十日，高宗敕玄奘领其他九名高僧去鹤林寺，为宝乘等五十多人授具足戒，这次受戒历时三天才结束，玄奘随即又应邀为附近德业寺的数百尼众授了菩萨戒。

二月二十九日，高宗御制大慈恩寺碑文写成，礼部尚书许敬宗遣使送碑文给玄奘，同日鸿胪寺亦有公文下达。三十日，玄奘率寺众上朝谢恩。碑文既为高宗所撰，玄奘也希望能由高宗御笔亲书，遂于三月一日、二日两次上表恳请，最终获得恩准。四月八日，高宗亲书的碑文刻石完工，全文以行书写就，又以飞白书（传为创自东汉时蔡邕的一种特殊的书法，笔画中丝丝露白，如用枯笔写成）作"显庆元年"四字。朝廷准备将碑送往大慈恩寺，玄奘不敢在寺内坐等，便与寺众到禁苑西南的芳林门迎候。因为下雨难行，直到四月十四日，才正式举行送碑仪式，太常寺九部乐及长安、万年二县的乐队奉敕一路相送，从芳林门到大慈恩寺，沿街三十余里遍布幡幢，观者如云，高宗也亲自登上皇城西北的安福门楼观看，非常高兴。碑送至大慈恩寺后，被安置在佛殿东南角专门建造的碑亭中。四月十五日，于大慈恩寺度僧七人，设二千僧斋，并在佛殿上演奏宫廷九部乐。十六日，玄奘再次上表谢恩。

玄奘早年西行求法，攀越凌山、大雪山，落下了冷病。

显庆元年五月，玄奘旧病复发，几乎危及生命，高宗派宫廷御医悉心治疗，才逐渐好转。随后高宗又将玄奘迎入宫城东北凝阴殿的西阁调养，玄奘于是就在那里译经，二三十天才难得一出。重病期间，玄奘担心没有机会再向高宗进言，因此请人代为陈奏二事，一是唐代先道后佛的国策，二是对出家人可动用世俗刑法的规定，谓其于国不利，请予废止。

原来，早在立国伊始，李唐皇室就与老子（传说老子名李耳）攀上了血缘关系。据说在高祖武德三年（620）五月，有人在晋州浮山县（今山西省浮山县）的羊角山见到老子显圣，自称是李唐的先祖，并说子孙将享国千年。高祖闻报，非常高兴，下令将浮山县改名为神山县，羊角山改名为龙角山，又在那里建了老子祠（玄宗时扩建为兴唐观），史官还将此事记载于《高祖实录》。在门阀观念依然盛行的唐初，这种做法无非就是为了通过神化其门第从而神化其政权。基于这样的政治考虑，武德八年，高祖下诏，确定三教的排序是先道、次儒、后佛。贞观十一年正月，唐太宗再次昭告天下，声明李唐本系，出自老子，以后凡斋供、行止乃至讲论，道士、女官应处僧尼之前。永徽六年，唐高宗又下了另外一道敕令，凡出家人犯罪，难以断明，可动用世俗刑法。这两件事一直让玄奘深感忧虑，因此在病发命危之际，力请高宗废止。高宗当即决定，废止后一条，至于道佛先后，系先朝所定，需要从长计议。直到高宗上元元年（674）八月，即玄奘去世后十年，其时武则天已基本掌控朝政，与高宗并称为"二圣"，出于以佛教开革命之阶的目的，终于促成了先道后佛国策的变革，诏令道佛不再有先后之分。

显庆元年十一月，武则天难产，遂皈依三宝，请加护佑，经玄奘启请，承诺假如平安生下男孩，便让其出家——当然这仅是形式上的出家，与佛法结缘而已。五日，武则天产下一男，据说婴儿出生时神光满院，因此号为佛光王，这就是后来两度为帝的中宗李显。十二月五日，李显满月，高宗请玄奘为其剃发，同时另剃度七人，玄奘并进金字《心经》一卷、《报恩经变》一部及袈裟等，以表祝贺。

显庆二年闰正月一日（或说十三日），玄奘随驾前往洛阳，被安置于东都禁苑内的积翠宫。五月九日，又随驾前往明德宫避暑。明德宫在东都禁苑的西南，北临洛水，隋代称显仁宫。不久，高宗又命玄奘回积翠宫译经。其时，玄奘正在翻译《发智论》与《大毗婆沙论》。《发智论》此前曾有前秦僧伽提婆、竺佛念所译的异译本《阿毗昙八犍度论》，《大毗婆沙论》此前亦有前秦僧伽跋澄所译的异译本《鞞婆沙论》、北凉浮陀跋摩及道泰所译的异译本《阿毗昙毗婆沙论》，高宗因此下敕，让玄奘先翻中土没有的经论，中土已有者后翻。玄奘坚持自己的译经计划，上表说，如《大毗婆沙论》有二百卷，中土但具其半，且译文亦多舛误淆乱处，对学者言这些都是最重要的论书，应当抓紧重新翻译。高宗于是也就不再干预。

因随驾洛阳之便，玄奘顺道返乡，他的亲朋故旧多已不在，只寻访到嫁给瀛洲张氏的姐姐，两人祭扫了父母的坟墓，因其年久失修，荒败不堪，玄奘又请旨重新改葬。

显庆二年九月二十日，玄奘旧事重提，又一次上表，请高宗恩准其入少林寺译经，从此隐迹山林、修习禅观。次日，高宗以大隐在市朝为由，断然拒绝了玄奘的请求，并要他以后不要再提此事。十一月，由于积劳成疾，玄奘在积翠宫再度病倒，虽经调治转危为安，毕竟已体弱力衰，再也经不起随驾巡幸及各种俗务的折腾了。

显庆三年（658）二月四日，玄奘随驾回到长安。七月，敕令玄奘移住西明寺。西明寺位于朱雀街西第三街、街西由北向南的第七坊延康坊的西南。此寺原是隋代越国公杨素的故宅，贞观年间，被赐予太宗四子、濮王李泰。李泰于永徽三年十二月去世，遂于此立寺。显庆元年八月十九日，高宗因为当时的太子李弘病愈，下敕在原寺的基础上加以扩建，并命名为西明寺。显庆三年六月十二日，西明寺落成，共有十院，房四千余间。后来，在武宗会昌六年（846）五月，此寺又改名为福寿寺。寺建成后，朝廷选派了五十名大德入住，其中包括道宣、道世，可能还有玄奘的弟子圆测，每位大德各有侍者一人，此外，还剃度了一百五十人，其中海会等十人拨给玄奘充作弟子。七月十四日，举行了迎僧入寺的仪式，一如当年入住大慈恩寺及送碑的程序规模。不过，从现有的经录来看，玄奘此后并未在西明寺译经，而依旧是在大慈恩寺。

显庆四年，玄奘准备重译《般若经》，由于此经卷帙浩繁，在京俗务缠身，恐难以完成，他因此上表，请求移住坊州宜君县的玉华寺翻译。这次高宗终于同意了，于十月，玄奘与译经群僧离开京城，同往玉华寺，这才彻底摆脱了一切俗务的干扰，得以全心致力于佛典的翻译。在玉华寺的五年，玄奘所译出的佛典达到其全部译经数量的一半以上，但这已是其生命的最后五年！

玄奘一生，曾与多位国主帝王有过直接的交往，如果说高昌王、统叶护可汗、戒日王乃至拘摩罗王促成了其前半生的西行求法，那么，其后半生的译经事业则得力于唐太宗、唐高宗的支持。总体上说，太宗父子对佛教是实用主义的态度，其取舍的标准只有两个，一是王权的神圣性、合法性、稳定性等政治层面的考虑；二是个人的福寿。这样看，实际上也无所谓崇佛或抑佛，或者毋宁说，崇佛与抑佛是可以兼施并用的手段，一切皆以现实的需要为旨归。他们对玄奘的尊崇与支持，同样也不出乎此。具体说来，其一，唐太宗虽然赏识玄奘的人格与才华，但其兴趣点首先是在玄奘西行的政治、外交意义，而不是玄奘西行所求的佛法，所以才两次力劝他还俗辅政，并直接促成了《大唐西域记》的撰作。其二，玄奘矢志于佛典翻译，无意于世俗功名，这就具有了另一种价值，一方面，玄奘作为僧界名流，对他的笼络有助于控制与利用教界的力量，因此无论是太宗还是高宗，都不会同意让玄奘避居少林；另一方面，支持译经本身就足显大唐盛世文治之功，以点缀升平，事实上，虽然玄奘在太宗、高宗二朝颇受器重，最终也还是摆脱不了类似于文学侍臣的地位。其三，唐太宗终其一生，对佛教都没有深入地了解，只是局限在因果报应与福田功德的范围，他在征辽后重病缠身，常恐寿不久长，对佛教的态度才有了微妙的变化，开始相信佛教的因果之说、功德之事，这与他相信道教的方术并无二致，故两者互不排斥，可同时并存，实际上，唐太宗最后可能就是因为服食方药而丧生的。

　　由此可见，玄奘与太宗父子，实则并无共同的志趣，这就使得双方的关系必然极为微妙。一方面，玄奘深知"不依国主，则法事难立"的道理，他随君伴驾、出入官掖，虽然不排除有感戴皇恩之类的因素，其根本目的还在于力图借此为弘法译经事业开拓空间，为佛教争取地位。另一方面，玄奘志在佛门，史称其"性爱怡简，不好交游，一入道场，非朝命不出"，所以不仅太宗两次劝其还俗，均被他婉拒，而且他还企图远避少林译经，而直到最后的玉华寺之行，才大致如其所愿。各种无谓的交往应酬、身不由己的陪君伴驾毕竟要消耗大量的时间与精力，从而直接影响到其译经的进程，这远非玄奘之本愿。然而既需依托于世俗政权方能译经弘法，也就必然要受其制约，玄奘后半生的事业，就是在这种尴尬无奈的环境下完成的。

译 布 佛 典

贞观十九年三月一日，在争取到唐太宗的支持后，玄奘赶回长安，由房玄龄具体协调，征调各地的高僧，着手在弘福寺组建译场。五月，正式开始译经，其时玄奘四十四岁。至麟德元年六十三岁去世，前后十九年，玄奘数易其地，共译出佛典七十五部一千三百三十五卷，遍及内外二学、大小二乘、显密二教。这里先将其译经进程简述如下：

贞观十九年五月二日，于弘福寺翻经院译《大菩萨藏经》二十卷，至九月二日译讫。

六月十日，于弘福寺翻经院译无著造《显扬圣教论颂》一卷。

七月十四日，于弘福寺翻经院译《六门陀罗尼经》一卷。

七月十五日，于弘福寺翻经院译《佛地经》一卷。

十月一日，于弘福寺翻经院译无著造《显扬圣教论》二十卷，至贞观二十年正月十五日译讫。

贞观二十年正月十七日，于弘福寺翻经院译安慧糅《大乘阿毗达磨杂集论》十六卷，至闰三月二十九日译讫。

五月十五日，于弘福寺翻经院译弥勒说《瑜伽师地论》一百卷，至贞观二十二年五月十五日译讫。

贞观二十一年二月二十四日，于弘福寺翻经院译世亲造《大乘五蕴论》一卷。

三月一日，于弘福寺翻经院译《摄大乘论无性释》十卷，至贞观二十三年六月十七日，于大慈恩寺翻经院译讫。

五月十八日，于弘福寺翻经院译《解深密经》五卷，至七月十三日译讫。

八月六日，于弘福寺翻经院译成商羯罗主造《因明入正理论》一卷。

贞观二十二年三月二十日，于弘福寺翻经院译《天请问经》一卷。

五月十五日，于弘福寺翻经院译慧月造《胜宗十句义论》一卷。

五月二十九日，于弘福寺翻经院译世亲造《唯识三十颂》一卷。

十月一日，于坊州宜君县玉华宫弘法台译《能断金刚般若波罗蜜多经》一卷。

十一月十七日，于紫微殿西弘法院译世亲造《大乘百法明门论》一卷。

十二月八日，于紫微殿西弘法院译《摄大乘论世亲释》十卷，至贞观二十三年六月十七日，于大慈恩寺翻经院译讫。

闰十二月二十六日，于紫微殿西弘法院译无著造《摄大乘论本》三卷，至贞观二十三年六月十七日，于大慈恩寺翻经院译讫。

贞观二十三年正月一日，于紫微殿西弘法院译《缘起圣道经》一卷。

正月十五日，于紫微殿西弘法院译提婆设摩造《阿毗达磨识身足论》十六卷，至八月八日，于大慈恩寺翻经院译讫。

二月六日，于大慈恩寺翻经院译《如来示教胜军王经》一卷。

五月十八日，于终南山翠微宫译《甚希有经》一卷。

五月二十四日，于终南山翠微宫译《般若波罗蜜多心经》一卷。

七月十五日，于大慈恩寺翻经院译《菩萨戒羯磨文》一卷。

七月十八日，于大慈恩寺翻经院译弥勒造《王法正理论》一卷。

七月十九日，于大慈恩寺翻经院译《最无比经》一卷。

七月二十一日，于大慈恩寺翻经院译《菩萨戒本》一卷。

九月八日，于大慈恩寺翻经院译清辩造《大乘掌珍论》二卷，至十三日译讫。

十月三日，于大慈恩寺翻经院译亲光等造《佛地经论》七卷，至十一月二十四日译讫。

十二月二十五日，于大慈恩寺翻经院译陈那造《因明正理门论本》一卷。

永徽元年（650）正月一日，于大慈恩寺翻经院译《称赞净土佛摄受经》一卷。

二月一日，于大慈恩寺翻经院译最胜子等造《瑜伽师地论释》一卷。

二月三日，于大慈恩寺翻经院译《分别缘起初胜法门经》二卷，至八日译讫。

二月八日，于大慈恩寺翻经院译《说无垢称经》六卷，至八月一日译讫。

五月五日，于大慈恩寺翻经院译《药师琉璃光如来本愿功德经》一卷。

六月十日，于大慈恩寺翻经院译提婆造《广百论本》一卷。

六月二十七日，于大慈恩寺翻经院译护法造《大乘广百论释论》十卷，至十二月二十三日译讫。

九月十日，于大慈恩寺翻经院译《本事经》七卷，至十一月八日译讫。

九月二十六日，于大慈恩寺翻经院译《诸佛心陀罗尼经》一卷。

永徽二年正月一日，于大慈恩寺翻经院译《大乘大集地藏十轮经》十卷，至十二月二十六日译讫。

正月九日，于大慈恩寺翻经院译《受持七佛名号所生功德经》一卷。

四月五日，于大慈恩寺翻经院译众贤造《阿毗达磨显宗论》四十卷，至永徽三年十月二十日译讫。

五月十日，于大慈恩寺翻经院译世亲造《阿毗达磨俱舍论》三十卷，至永徽五年（654）七月二十七日译讫。

闰九月五日，于大慈恩寺翻经院译世亲造《大乘成业论》一卷。

永徽三年正月十六日，于大慈恩寺翻经院译无著造《大乘阿毗达磨集论》七卷，至三月二十八日译讫。

四月四日，于大慈恩寺翻经院译《佛临涅槃记法住经》一卷。

永徽四年正月一日，于大慈恩寺翻经院译众贤造《阿毗达磨顺正理论》八十卷，至永徽五年七月十日译讫。

永徽五年闰五月十八日，于大慈恩寺翻经院译《大阿罗汉难提蜜多罗所说法住记》一卷。

六月五日，于大慈恩寺翻经院译《称赞大乘功德经》一卷。

九月十日，于大慈恩寺翻经院译《拔济苦难陀罗尼经》一卷。

九月二十七日，于大慈恩寺翻经院译《八名普密陀罗尼经》一卷。

九月二十八日，于大慈恩寺翻经院译《显无边佛土功德经》一卷。

九月二十九日，于大慈恩寺翻经院译《胜幢臂印陀罗尼经》一卷。

十月十日，于大慈恩寺翻经院译《持世陀罗尼经》一卷。

显庆元年三月二十八日，于大慈恩寺翻经院译《十一面神咒心经》一卷。

七月二十七日，于大慈恩寺翻经院译传为五百大阿罗汉造《阿毗达磨大毗婆沙论》二百卷，至显庆四年七月三日译讫。

显庆二年正月二十六日，于长安大内顺贤阁译迦多衍尼子造《阿毗达磨发智论》二十卷，至显庆五年（660）五月七日，于坊州宜君县玉华寺译讫。

十二月二十九日，于洛阳丽日殿译陈那造《观所缘缘论》一卷。

显庆三年十月八日，于大慈恩寺翻经院译塞建地罗造《入阿毗达磨论》二卷，至十三日译讫。

显庆四年四月十九日，于大慈恩寺翻经院译《不空羂索神咒心经》一卷。

七月二十七日，于大慈恩寺翻经院译传为大目犍连造《阿毗达磨法蕴足论》十二卷，至九月十四日译讫。

闰十月，于坊州宜君县玉华寺肃诚殿（或说云光殿）糅译《成唯识论》十卷，至十二月三十日译讫。

显庆五年正月一日，于玉华寺玉华殿译《大般若波罗蜜多经》六百卷，至龙朔三年十月二十三日译讫。

九月一日，于玉华寺云光殿译世友造《阿毗达磨品类足论》十八卷，至十月二十三日译讫。

十一月二十六日，于玉华寺明月殿译传为舍利弗造《阿毗达磨集异门足论》二十卷，至龙朔三年十二月二十九日译讫。

龙朔元年（661）五月一日，于玉华寺嘉寿殿译弥勒造《辩中边论颂》一卷。

五月十日，于玉华寺嘉寿殿译世亲造《辩中边论》三卷，至三十日译讫。

六月一日，于玉华寺庆福殿译世亲造《唯识二十论》一卷，至八日译讫。

七月九日，于玉华寺八桂亭译《缘起经》一卷。

龙朔二年（662）七月十四日，于玉华寺庆福殿译世友造《异部宗轮论》一卷。

龙朔三年六月四日，于玉华寺八桂亭译成传为世友造《阿毗达磨界身足论》三卷。

十二月三日，于玉华寺玉华殿译《五事毗婆沙论》二卷，至八日译讫。

十二月二十九日，于玉华寺玉华殿译《寂照神变三摩地经》一卷。

麟德元年正月一日，于玉华寺玉华殿译《咒五首经》一卷。

从译经的数量上来说，据吕澂先生的研究，有唐一代的佛典翻译，起自太宗贞观三年，终于宪宗元和六年（811），前后一百八十三年，主要译师二十六人，总计译出佛典三百七十二部、二千一百五十九卷，可见玄奘一人的成果就占到唐代译经总量的一半以上。在四大译师（有二说，或取义净而无不空，或取不空而无义净，故此处以五人统计）中，罗什译经三十五部、二百九十四卷（据《祐录》）；真谛译经及撰述据今人考订为八十一部、三百一十七卷；义净译经六十一部、二百六十卷（当时因政变而散失者不计）；不空译经一百零四部、一百三十四卷。以四人之译经数量相加，尚不及玄奘一人。从译经的质量上来说，玄奘的译经在中国长达一千多年的译经史上具有划时代的意义，被视为"旧译"与"新译"的分水岭。可以从以下三个方面来略作介绍。

首先，借助于官方物力、人力上的支持，玄奘得以组织起一个人才荟萃、分工精密、运作高效的译场，这是其译经事业制度上的保证。早期译经，多属私人性质，西域僧人带来什么经，就翻译什么，一般只需数人。到前秦时道安在长安主持译经，已初具译场规模，而罗什译场在后秦主姚兴的支持乃至直接参与下，据说已达数百上千人，号称"三千学士"。这一说法不免有所夸张，不过从此而有官办的译经事业，通过组织译场以收分工合作之效，几乎已成为佛典翻译的通则，私人翻译基本绝迹。在取得唐太宗的支持后，玄奘首先就在弘福寺组织了自己的译场，征召国内二十多位高僧参与其事。据宋代赞宁（919—1001）及天息灾（？—1000）所述，玄奘译场的规制大致如此：一、译主，即译场的主持人，于翻译时当众宣读梵本，此职由玄奘自任；二、证义，与译主商讨梵文原义（*此项职能或别立之，即为"证梵义"*），考量译文所表达的义理之当否；三、证文（*即"证梵语梵文"*），审听译主所宣读之梵文是否有误；四、书手，将译主所宣读之梵文以音译的方式记录下来，比如译主宣读 sūtra，书手即记为"素怛览"：五、笔受（*即"执笔"*），听受译主所宣读之梵文，对译为汉文并笔录之，比如译主宣读 sūtra，笔受即录之为佛经之"经"：六、缀文，将笔受所记录下来的文字依汉语文法调整词序，以成完整、可读的句子；七、参译，对照梵、汉二本文字，以保无误；八、刊定，刊削过于冗长的句子，填补缺字等，使译文简要明确；九、润文，润色、修饰文句，使之典雅庄丽。此外，在玄奘译场中还常设正字（*即"字学"*）一职，从文字音韵学的角度来审查译文的得失，于贞观末撰有《一切经音义》的玄应就常任此职。由于译场具有官办性质，因而需要有官方代表，即所谓监护或监阅。玄奘译场，早期是由房玄龄充任，显庆元年，应玄奘之请，朝廷又选派左仆射于志宁、中书令来济、礼部尚书许敬宗、黄门侍郎薛元超、杜正伦、中书侍郎李义府等为译场监阅，同时他们也承担部分润文的工作。不过，在玄奘译场中，还没有梵呗，即负责讽诵咏唱一职，此职设于代宗永泰年间（765—766）。上述职位并非是机械固定的，随所翻经典的不同情况会有具体的损益调整。由此可见，虽然在规模上玄奘译场远不如罗什译场，然而分工之精密、运作之高效，则更胜于彼，如证文、缀文等各有专职，皆不见于罗什译场，这是新、旧二译在制度上的差别。

其次，由于玄奘兼通梵、汉，对所译佛典有精深的理解和把握，故而他能充分地将自己的译经理念贯彻到整个译场中，而不必受参与译事者的制约，如史传中说："今所翻传都由奘旨，意思独断，出语成章，词人随写，即可披玩。"这具体可以从以下几个方面来加以探讨。

其一，对佛教特有的术语概念，即所谓的名相、法数，玄奘大多予以审订重译。其中有些是因为旧译有失当处，比如 dhātu（音译"驮都"），最初译为"持"，后罗什改译为"性"，二者皆为"任持自性"之义，即一物有不同于他者的本性，但此外 dhātu 还有因义，因此无论是译为"持"还是译为"性"，都只表达了该词的一部分含义，玄奘则根据它的本义"领域、场所"而将其译为"界"。有些初看似乎有些吹毛求疵，比如 skandha（音译"塞建陀"），意为积聚，最初译作"阴"，阴者荫覆，意即有为之法能荫覆真理，这固然有所偏差，罗什将其改译为"众"，大致亦可通，而玄奘却非得以一个相对不常用的词"蕴"来对译之。不仅如此，玄奘还充分利用梵文的构词法创造了许多新词，比如vipāka（音译"毗播迦"），旧译为"果报"，通俗易懂，也没有太大的问题，玄奘却将其译为"异熟"。这绝非是故弄玄虚，而是为了在佛教的语言系统中精确地表现该词的内涵，相反，"果报"一名虽然通俗易懂，却容易让人望文生义，附加诸多无端的臆想于其上，比如常人每每会联想到的灵魂。

有些梵文词汇如果实在无法对译为汉文，或者另有其他原因，玄奘则宁存音译，这就是著名的"五不翻"原则。具体包括：一、"秘密故"，如"陀罗尼"，这里可能是指真言、密咒，由于它们具有秘密的含义，所以不翻；二、"含多义故"，如"薄伽梵"，是佛陀的十种名号之一，由于该词具有六种含义，所以不翻；三、"此无故"，如"阎浮树"，中土没有这种树，所以不翻；四、"顺古故"，如"阿耨菩提"（"阿耨多罗三藐三菩提"的简称），可译为"无上正等正觉"，然此语历来都是音译，所以不翻；五、"生善故"，如"般若"，意译即是"智慧"，然翻为"般若"显得尊重，所以不翻为通俗用语"智慧"。

凡此种种，显然不仅仅只是基于纯粹语言学的考虑以改订旧译错失的问题，玄奘更深层的动机乃在于重建佛家的语言系统。这项重建工作的基本目标，一是精密性，二是自洽性。所谓精密性，是指每一个概念都可以从其自身得到规定，具有明确的外延与内涵，并且力图使这种规定反映于其名称之上；所谓自洽性，是指概念之间不存在语义重合或互为乖舛之处，并且由此所形成的话语系统对解释世界是充足、有效的。

其二，关于直译与意译。梵语属于印欧语系，具有繁复的曲折变化系统，与汉语存在着结构性的差异，因此如何在直译与意译间取得平衡，处理好翻译中信、达、雅的关系，自有佛典翻译以来，就一直让译家颇感困扰。罗什倾向于意译，他的译文简洁明快，具有很强的文学性，对中国文学比如后来的说唱文学的发展具有不可忽略的影响。然而，这种语言的哲学表现力相对而言是较弱的。玄奘翻译的独特之处在于，他能充分发挥汉语中虚词、代词等的语法功能，通过变位等方式来组织句式结构，从而得以尽可能地将梵语的文法乃至"钩锁联类、重沓布在"的文风都体现于汉语译文中，故而其文句繁复凝重，又不失音律之美，这与罗什顺应汉地的语言习惯，文句虽简短明快、然而层次感不强正截然相反。可以说，这既不是如罗什式的意译，也不是纯粹的直译，而是从梵、汉两种语言的内在特性出发，吸收梵语之长而在汉语语境中建构起来的一套全新的语言，与上一点玄奘对佛家名相的精密厘定相结合，这实际上使汉语的哲学表现力达到了最大的可能！就这点来说，玄奘不仅是前无古人，而且更是后无来者，一方面可能是因为缺乏如玄奘之天才，即便是稍后与玄奘齐名的义净，事实上也还是无法完全摆脱那种佶屈聱牙的直译文体；另一方面则在于玄奘所致力方向的"不合时宜"，因为随着华严特别是禅宗的崛起，中国佛教实际上开始步入了一条摒弃知识、专注内心神秘体验的反智主义之途。

其三，关于繁简问题。梵文佛典多有鸿篇巨制，而汉地则喜好简明扼要，对繁复的论述、琐细的分析、逐层的学理推演缺乏兴趣和耐心。为顺应中土受众的偏好，罗什译经，就曾作了大量的删略，而玄奘之译风，可以《大般若经》为例。该经梵本共二十万颂，玄奘译为六百卷，其卷帙之浩繁，中土所译诸经无出其右者。一开始，玄奘也曾想听从众人的意见，按照罗什的风格，予以删略，但此后就被噩梦缠身，显然这是因为与其夙愿有违，心中不安所致，所以他最终还是决定完全遵照梵本翻译，不作删改。于是孜孜从事，历四年而成全帙。玄奘与罗什译经理念之不同，于此昭然可晓。

其四，计划性和系统性。玄奘译经，虽然并非完全没有迁就人事的因素，但从总体上说，基本是按照其预定计划逐次翻译的，甚至如上述高宗对译经顺序的干预也未能左右这一进程。大致来说，玄奘长达近二十年的译经事业可划分为三个阶段，当然其间并没有绝对界限：第一阶段，是从贞观十九年到永徽元年的六年，玄奘以《瑜伽师地论》为中心，集中翻译了一批包括《解深密经》《摄大乘论》在内的法相唯识学的经典。玄奘西行的直接目的，就是为了求取《瑜伽师地论》，故首先将《瑜伽》及相关诸经论译出，以示其为学重心所在，同时又译出《因明》二论，其目的在于为学者提供逻辑推理的工具，显庆四年《成唯识论》的糅译，实际上具有这一系统之翻译的总结性质。据传世亲晚年造有《唯识三十颂》，言简而意丰，后人誉之为"万象含于一字，千训备于一言"，可惜世亲还没来得及为此作释文就去世了。后有十大论师相续作释，此十家释本共有四千五百颂，玄奘于印度搜罗齐备，本拟逐一译出，然稍后接受窥基的建议，决定以其中的护法释为主，糅译十家之说而编为一本，名曰《成唯识论》。实际上也就是根据自己的理解，对唯识学理作了系统的总结，《成唯识论》因此成为法相唯识宗的创宗依据。第二阶段，是从永徽二年到显庆四年的九年，其翻译的重点是阿毗达磨，其中一是以《大毗婆沙论》为中心，旁及"一身六足"（有部学者以《发智论》为最根本，喻之为"身"，以《法蕴》等六论为辅翼，喻之为"足"，这就是"一身六足"。在这"一身六足"七部论书中，玄奘已译出六部，其未及翻译的《施设足论》后来有宋代法护等的节译本《施设论》七卷），二是以《俱舍论》为中心，旁及《顺正理》《显宗论》等，前者为阿毗达磨发展、成熟期的作品，后者则是阿毗达磨的最后总结。玄奘通过自己的翻译，为汉地传入了系统的阿毗达磨学说，故陈寅恪先生指出："玄奘之译阿毗昙于学术有功，不在传法相宗之下。"第三阶段，是显庆五年起的最后五年，玄奘以老迈多病之躯，在其生命的最后时光，全心致力于《大般若经》六百卷的翻译。这一译经进程实际上清楚地表明了玄奘试图统一全体佛法的毕生宏愿，这种统一的纲领即是，以阿毗达磨为基础，以法相唯识学为主干，而最后上贯于般若。当然，事实上是否可能统一，则是另外一个问题了。

玄奘不仅从事佛典的译梵为华，还参与了将《老子》译华为梵的工作。贞观二十一年，即戒日王去世的那一年，曾与玄奘有过交往的东印度迦摩缕波国拘摩罗王遣使来唐，贡献奇珍异物及地图，并请老子像和《道德经》。唐太宗于是命玄奘与蔡晃、成玄英等道士一起翻译《道德经》。不过，在当时佛道大论战的背景下，这种合作绝不可能是融洽的，大致说来，这里涉及三个问题：其一，根本理念的不同。成玄英等道士试图以佛教中观学的理论来诠解《老子》，认为二者虽说法不同，其意趣则是相通的，这一点为玄奘所坚决拒斥。玄奘的基本态度是正本清源，他明确指出，佛道二教，其旨有天壤之别，所以绝不能用佛教的义理来比附《老子》。其二，由此而来的问题就是具体译名的选择。成玄英等道士沿用中土历来的说法，要用"菩提"来对译"道"，玄奘则认为，"菩提"是觉悟的意思，"道"意为道路，其对应的梵文应是"末伽"。实际上，称"菩提"为"道"，原本就是佛教在汉传过程中为迎合本土文化的需要而采取的一种策略，因此玄奘在这一问题上的坚持，并非无关宏旨，这不仅是为了拒斥道士的牵强附会，更有匡正一切佛教旧学的用意。其三，在基本按照玄奘的意见勉强将《老子》译完后，成玄英又要求翻译"河上序胤"，大概就是南朝时灵宝派道士伪托葛玄所作的《老子道德经序诀》，又名《道德经序》，玄奘对那里面"叩齿""咽液"之类的方术内容鄙夷不屑，认为《老子》五千文其意已备，后来三张（张陵、张衡、张鲁）、二葛（葛玄、葛洪）等将其道教化，用各种方术敷衍之，思想粗鄙不堪，只能让外邦人耻笑，所以拒绝翻译。道士们不服，为此上陈朝廷，经中书令马周等裁定，遵从玄奘的意见，不翻此《序诀》。由此可见，玄奘只是一个虔诚正信的佛教徒，翻译《老子》并非出其本愿，至于《老子》翻译后是否传到印度，我们今天也不得而知。

薪 火 相 传

玄奘在勉力译完《大般若经》后，自觉体力衰竭，生命已走到了尽头。麟德元年正月一日，玄奘最后译了一部只包含五个咒文的短经《咒五首经》，群僧又请开译《大宝积经》，为不拂众意，玄奘勉强译了数行，随即收起梵本说："此经卷帙之大，同于《大般若经》，我自觉心力不济，死期将至，已不能再承担此事。"译事至此遂告终止。后来，这部《大宝积经》由菩提流志（？—727）于中宗神龙二年（706）至玄宗先天二年（713）编译完成，全经共四十九会、一百二十卷，其中二十六会、三十九卷为菩提流志新译，其余二十三会、八十一卷，都是从旧有的译本编入。可见玄奘的译经事业，确乎是难以为继的。

正月九日晚上，玄奘在过屋后的一道水沟时跌了一跤，虽然只是脚腕上擦破了一点皮，却因此病倒，从十三日开始就一直卧病在床，迷迷糊糊出现了许多幻觉。十七日，玄奘让门下嘉尚法师对自己所翻的佛典及其他造像、写经的数目进行了统计，这实际上也就是玄奘对自己的一生作的自我总结。统计的结果是，玄奘从印度带回佛典六百五十七部，译成七十五部、一千三百三十五卷，尚有五百八十二部未及翻译。二十二日，玄奘召集门徒，施舍了自己全部的衣物，令门徒再造佛像，并请僧众举办法事。二十三日，设斋施舍，中午请塑工在嘉寿殿立起菩萨像的骨架后，玄奘与寺众、门徒作了最后的诀别："我这毒身深可厌恶，如今要做的事情已经做完了，不应再留在尘世。我愿将我所修的福慧功德回施于一切有情，与之共同往生睹史多天，奉事弥勒菩萨。等到弥勒菩萨下生成佛时，也愿随其再来世间广作佛事，直到成就无上菩提。"

弥勒被瑜伽行派推尊为始祖，因此玄奘信仰弥勒、发愿往生弥勒净土是很自然的事情。玄奘时代，弥陀净土即西方净土信仰在道绰（562—645）、善导（613—681）师徒的推动下已风靡中土，形成净土一宗。善导可能还去过大慈恩寺弘法，所以在他去世后，门人就在大慈恩寺内立塔供养。玄奘不可能不清楚当时的动向，但却不为所动，依然坚持弥勒信仰，这并非是某些论者所谓的"不合潮流"所能概括的，他的坚持实际上有充分的佛理依据及考量。这里关键在于，既如道绰已明确声明的，弥陀净土为报佛净土，那么一般的凡夫能否往生？这从印度佛教的学理来看是有问题的，对此玄奘曾有过专门论述。限于篇幅，这里不能展开讨论。

二月四日夜半，玄奘取佛陀涅槃时的姿势，以右手支撑头部，将左手放在左腿上，右侧而卧，不饮不食，再也不动。到五日夜半，弟子普光问道："和尚是否一定往生弥勒内院？"玄奘回答："定能往生。"说罢气息逐渐微弱，一会儿就平静地离开了这个世界。

高宗闻报，极为哀痛，为之罢朝数日，多次说："朕失国宝矣！"二月二十三日，高宗下诏，玄奘所有的丧葬费用均由朝廷拨给。三月六日，又下敕，译事暂停，所有已翻的佛典，由官府出资抄写，其余未翻的梵本，交由大慈恩寺保管，参与译事者，各归本寺。可惜的是，玄奘从印度带来的梵本，无论是已翻还是未翻者，后来都未能保存下来。三月十五日，高宗再次下敕，玄奘下葬之日，可听任京城僧尼到墓地送幡幢、伞盖。

弟子们遵照玄奘的遗嘱，以粗竹席包裹，将玄奘的灵柩运回长安，安置于大慈恩寺翻经院内，每天都有许多人前来祭奠。四月十四日，下葬于浐水东岸白鹿原，玄奘之兄长捷法师也葬在那里。京城及周边五百里内前来送葬者达百万余人，各种仪仗接天连日，哀悼痛哭之声响彻云霄。这天晚上，就有三万余人留宿于墓地。第二天清早安葬完毕，又在墓地举办了一次无遮施会。

总章二年（669）四月八日，高宗因为玄奘的墓地离京城太近，白鹿原地势又高，在宫禁内时常能看到，容易触发哀思，就下诏将玄奘迁葬于樊川北原（少陵原），起塔供养，并因墓塔而建寺。神龙元年，中宗第二次登基后，下敕于两京各置一座佛光寺以为纪念，这是因为中宗出生时号为"佛光王"，所以起了这个名字。其中东都洛阳的一座就建在缑氏的玄奘故居。中宗并追谥玄奘为"大遍觉"。肃宗乾元元年（758），正式将玄奘墓塔所在的寺院命名为"大唐兴教寺"。

兴教寺位于今陕西省长安区杜曲镇，系唐代樊川八大寺院之首，寺内除有玄奘墓塔外，西、东两侧分别为其弟子窥基、圆测的墓塔。玄奘墓塔曾于大和二年（828）重修，开成四年（839），洺州刺史刘轲应邀撰成《塔铭》，镶嵌于塔的底层北壁。窥基去世于永淳元年（682），随即被葬于玄奘墓塔附近，大和二年，与玄奘墓塔同时重修，大和三年（829）七月十三日，开旧塔，取遗体火化，并移入新塔。北宋政和五年（1115）四月八日，又从终南山丰德寺东岭圆测墓塔中分得部分舍利，迁葬于兴教寺玄奘墓塔东侧。此三座墓塔虽历经风雨沧桑，至今仍屹立在兴教寺内，供后人凭吊。

唐末，为避黄巢战乱，玄奘遗骨曾被迁往终南山紫阁寺。北宋端拱元年（988），南京天禧寺（即六朝时的长干寺，位于今南京中华门外）一个叫可政的僧人，将玄奘的顶骨由紫阁寺带回天禧寺，建塔供养。明永乐十年（1412），在天禧寺原址建九层琉璃塔，并改名为大报恩寺，寺内有三藏塔，安放玄奘顶骨。大报恩寺毁于太平天国战火，玄奘顶骨遂湮没无闻。1942年11月，侵华日军高森部在南京中华门外施工，意外地挖掘到一个石函，石函上的文字表明，这正是当年可政带回的玄奘顶骨。1943年，玄奘顶骨被分为三份，日本、南京、北京各一份，此后又一再分割，辗转流布于国内外各地。其大致情况如下：被日本盗走的一份后来被供奉于琦玉县慈恩寺，1955年，从中分出一份归还台湾，后在日月潭边建玄奘寺供奉。1980年，再从琦玉县慈恩寺分出一份，被供奉于奈良市药师寺。留在南京的一份又被一分为二，一份于玄武湖边九华山建塔供养，一份1973年后移往灵谷寺。1998年，从灵谷寺分出一份，转赠台湾新竹玄奘大学。2003年，再从灵谷寺分出一份，被迎请至西安大慈恩寺。北京的一份则一分为四，一份辗转移归北京法源寺；一份在广州六榕寺，这两份均已在"文革"中被毁；一份原在天津大悲院，1957年转赠印度，被供奉在那烂陀寺遗址由中印政府共同修建的玄奘纪念堂中；一份在成都文殊院。综上所说，玄奘顶骨至今已被分为十一份，存下来的有九份，其中大陆四份、台湾二份，另外，日本二份、印度一份。不过，近年来有学者提出了一种大胆的看法，认为玄奘的遗骨从未曾移出兴教寺墓塔，这就意味着上述各地所供奉的都不是玄奘的顶骨。不过这一说法还有待进一步论证。

汤用彤先生曾指出："古今译书，风气颇有不同。今日识外洋文字，未悉西人哲理，即可译哲人名著。而深通西哲之学者，则不从事译书。然古昔中国译经之巨子，必须先即为佛学之大师。……盖古人之译经也，译出其文，即随讲其义。所谓译场之助手，均实听受义理之弟子。"不过，在玄奘译场中，情况稍许复杂，有些参与译事者，特别是最早被征召入译场的一批高僧，不少原本就已学有所成、名重一方，而有些甚至与玄奘在基本理念上存在严重分歧，因此并不具有学术传承意义上的师徒关系。即便如此，在近二十年的译经生涯中，玄奘还是培养出了一大批优秀弟子，其中尤以窥基、圆测为最。

窥基（632—682），又称"大乘基"或单名"基"，世号"慈恩法师"，俗姓尉迟，字洪道。窥基宗出鲜卑拓跋魏之尉迟部，祖籍朔州善阳（今山西省朔州市），后迁居京兆长安，家世以武功建业，其伯父即唐初名将、开国功臣鄂国公尉迟敬德。窥基的父亲为唐左金吾将军、松州都督，封江由县开国公，而至于他的名字，根据《宋高僧传》窥基本传"考讳宗，……其鄂国公德则诸父也"的记载，学者一般认定为尉迟宗。不过，既然后文简称"敬德"为"德"，前文"宗"似乎也应该是简称，也就是说，窥基父亲的名字在"宗"前很可能还有一字。关于窥基的家世，另有一个记载，就是他曾自称"九岁丁艰"，丁艰是指遭遇父亲或母亲去世，究竟是父亲还是母亲，正可以结合上一个问题得到解答。岑仲勉先生通过对《元和姓纂》的考订，认为窥基的父亲应是尉迟绍宗，他与尉迟敬德是堂兄弟而非亲兄弟。据《慈恩传》记载，贞观二十二年十二月二十三日，朝廷在举行盛大仪式迎请高僧入住大慈恩寺时，曾命尉迟绍宗等领兵充作手力，这样窥基所说的"九岁丁艰"，只能是指他的母亲去世了，因为窥基九岁时是贞观十四年。然而，至少在赞宁编撰《宋高僧传》的北宋太宗年间，就已经有一种说法，认为窥基的父亲是尉迟敬宗，元代的佛教史传中也都如此记载。尉迟敬宗未见载于更早的史料，具体来源不详，但亦可聊备一说。总之，粗率地认为窥基的父亲名叫尉迟宗，恐怕是有问题的。

贞观二十二年，十七岁的窥基剃度出家。据说，先是玄奘在路上遇见窥基，见其眉秀目朗、气度不凡，非常喜爱，便亲自登门，表示想收其为弟子。窥基的父亲虽然同意了，他本人却不愿意，最后提出如果出家，须答应他三个条件：一、不断情欲，二、可以荤食，三、不守"过午不食"的戒条。玄奘打算逐步将他引入正轨，就权且答应了下来。所以传说窥基出行必有三车，前车载佛教经典，中车自乘，后车载家妓、女仆及各种膳食，关辅一带遂称之为"三车和尚"。

这一传说还有其他的版本。有一种说法是，窥基自幼聪颖，六岁就能著书立说。玄奘于是特地带了一个西域的神童登门拜访，他让窥基背诵所著的兵书，同时示意那个西域的神童将其全部默记于心。等窥基背完，玄奘对他父亲说，这只不过是古书而已，随即就让那个西域的神童重新背诵了一遍，结果一字不差。窥基的父亲以为窥基是在欺骗自己，非常生气，欲取剑杀之，玄奘趁此机会，要窥基出家，而窥基则提出了上面说的三个条件。

此类传说近乎小说家言，当然不足为凭。实际上，所谓"三车"，典出《法华经》的《譬喻品》，原本是指声闻、缘觉、菩萨三乘。按照中土天台宗等的解读，《法华经》的主旨是"会三归一""开权显实"，即认为三乘只是佛陀的方便说教，而最后都将会归一佛乘，只有一佛乘才是真实的。窥基却完全遵循法相唯识宗的家法，认为一乘反倒是佛陀的方便说教，三乘的区分才是真实的。这一观点与中土各家截然相反，他可能就因此而被讥为"三车和尚"，乃至进而又附会出上述谣传。

永徽五年，窥基二十三岁，蒙特旨受具足戒，并入住大慈恩寺，随玄奘学习梵语和佛典。显庆元年，应诏参与玄奘译场。不过，从现有经录来看，窥基在玄奘译场中崭露头角，还是从显庆四年《成唯识论》的糅译开始的。如前所述，玄奘本来打算将解释世亲《唯识三十颂》的十家释本逐一译出，窥基却认为，十家立说各异，文义支离，学者一一披览，难得要领，不如综合十家之说编为一本，指明正误，使学有所归。玄奘经考虑后接受了窥基的建议，于是由窥基笔受，糅译成《成唯识论》十卷。可能正是由于这件事，窥基在玄奘所有的弟子中后来居上，开始受到格外的器重。玄奘最后翻译的一些佛典，很多就是由窥基笔受的。

参译之余，窥基又将玄奘于翻译时所宣讲的口义记录下来，加上自己的理解，对论本予以疏释，撰为述记。窥基对这项工作用力至勤，特别在麟德元年玄奘去世、译场解散后，窥基回到大慈恩寺，更是以撰述为务。所以他论著宏富，被称为"百本疏主"，其中能知其名者四十八部，现存者二十八部（有四部被认为是伪作），重要的有《妙法莲华经玄赞》十卷、《说无垢称经疏》六卷、《瑜伽师地论略纂》十六卷、《成唯识论述记》十卷、《成唯识论掌中枢要》二卷、《唯识二十论述记》二卷、《辩中边论述记》三卷、《大乘阿毗达磨杂集论述记》十卷、《因明入正理论疏》三卷、《大乘法苑义林章》七卷、《异部宗轮论述记》一卷等。窥

163

基提出糅译《成唯识论》的建议，表明他从一开始就具有自觉的创宗意识，而通过大量的撰述，窥基最终完成了法相唯识宗理论体系的建构。所以史书上称："奘师为瑜伽唯识开创之祖，基乃守文述作之宗。……奘苟无基，则何祖张其学乎？开天下人眼目乎？二师立功与言，俱不朽也。"

窥基晚年，大概在高宗咸亨年间（670—674），曾东行到过太原、五台山、博陵（今河北省定州市）等地弘法。永淳元年十一月十三日，窥基于大慈恩寺去世，享年五十一岁。十二月四日，下葬于玄奘墓塔附近。文宗大和三年七月十三日开旧塔，取遗体火化，并移入新塔，金州刺史李宏庆为之撰写了塔铭。

传窥基衣钵者有慧沼。慧沼（648—714），俗姓刘，名玄，彭城（今江苏省徐州市）人，自其曾祖起迁居淄州淄川（今山东省淄博市），故世号"淄州大师"。龙朔二年，慧沼十五岁剃度出家。咸亨三年，年二十五岁，始从窥基、普光受学。此后，慧沼行化各地、开演群经凡二十余年，时称"河南照天下"（唐时淄州隶河南道）；同时撰作诸论，盛行于世。慧沼晚年，约在神龙元年之后，曾入菩提流志、义净译场充任证义。其著述，有《成唯识论了义灯》七卷、《能显中边慧日论》四卷等。慧沼于开元二年（714）十二月十七日去世，年六十七。

慧沼弟子有智周、义忠、道邑、道献等。智周（678—733），俗姓徐，世号"濮阳大师"。十九岁受具足戒，二十三岁从慧沼受学。他撰述颇丰，所著《成唯识论演秘》七卷，与窥基《掌中枢要》、慧沼《了义灯》并称"唯识三疏"。智周于开元二十一年（733）六月二十一日去世，年五十六。

玄奘、窥基、慧沼、智周一系，形成法相唯识宗的传承法脉。随着中日佛教文化交流的发展，这一宗派也被传入日本，成为奈良时代佛教六宗之一。此宗在日本共有四传：永徽四年（孝德天皇白雉四年），道昭（629—700）随第二次遣唐使入唐，受学于玄奘，龙朔元年（齐明天皇七年）返国，住奈良元兴寺传法，是为第一传。显庆三年（齐明天皇四年），智通、智达乘新罗船入唐，受学于玄奘与窥基，归国后也在元兴寺弘法，是为第二传。此第一、二传合称"元兴寺传"，亦名"南寺传"。武周长安三年（703，文武天皇大宝三年），在日本的新罗僧智凤、智鸾及智雄奉旨入唐，师从濮阳智周，归国后弘传此宗，是为第三传。开元五年（717，元正天皇养老元年），智凤的再传弟子玄昉（？—746）随第八次遣唐使入唐，同行者有后来进士及第、终身仕唐的阿倍仲麻吕（698—770）。玄昉亦投智周门下求学，他在唐十九年，深得玄宗的赏识，被授以准三品，并赐紫衣。开元二十三年（735，**圣武天皇天平七年**），玄昉随第九次遣唐使返国，住奈良兴福寺盛弘此宗，其主要弟子有善珠（727—797）等，是为第四传。第三、第四传都是以兴福寺为弘法中心，所以被合称为"兴福寺传"，亦名"北寺传"。就学理而言，"南寺传"基本保持了窥基一系的传统，而"北寺传"则对一些论题作了更为详尽的分析与辩明。

以上所述，都是玄奘门下慈恩窥基一系，此外，奘门之下，另有异军突起的西明圆测一系。圆测（613—696），名文雅，本新罗国王孙。他三岁出家，贞观元年十五岁时入长安，受学于法常、僧辩。玄奘在西游前亦曾向法常、僧辩学习过，因此圆测原本与玄奘有同门之谊，不过，贞观元年玄奘已经西行，大概两人未必相识。受具足戒后，圆测住长安玄法寺，广览各类小乘论书及古今章疏。贞观十九年玄奘归国，圆测即从之学。他后来长期住于西明寺弘法，又曾一度往居终南山达八年，晚年复入地婆诃罗（613—687）、提云般若、菩提流志、实叉难陀（652—710）等译场，充任证义。武周垂拱年间（685—688），新罗神文王曾多次促请其归国，均为武则天所拒。圆测的著述，能知其名者有二十部左右，现存《佛说般若波罗蜜多心经赞》一卷、《仁王经疏》三卷、《解深密经疏》十卷（**原佚最后一卷，先后由稻叶正就、观空法师从藏译本还译**）共三部，此外，其所撰《成

166

唯识论疏》亦有辑本行世。武周万岁通天元年（696）七月二十二日，圆测于东都洛阳佛授记寺去世，年八十四。七月二十五日，于洛阳龙门香山寺北谷火化后，起塔供养，后部分舍利被分葬于终南山丰德寺东岭，北宋政和五年四月八日，又从终南山墓塔分得部分舍利，迁葬于兴教寺玄奘墓塔东侧，贡士宋复撰写了塔铭。圆测的弟子多为新罗人，主要有道证、胜庄等。道证后于武周如意元年（692，**新罗孝昭王元年**）八月归国，其弟子太贤，被称为"海东瑜伽祖"，由此形成法相唯识学的新罗学系。

自慧沼以降，西明圆测一系被斥为异端，这主要还是出于门户之见。实际上，圆测之学亦是上承玄奘，在某些问题上，甚至比窥基一系更多地保持了玄奘的原意。总体上可以这样说，两系只是在玄奘所传之学基础上向不同层面的发展，圆测系倾向于融通，窥基系倾向于谨严，这一学风的差异导致其对各种具体问题各自有不同的理解和解决，但两家都没有背离玄奘之学的根本原则。

除窥基、圆测外，玄奘门下较著名的还有普光、神昉、嘉尚、神泰、慧立、靖迈等。普光专精《俱舍论》，撰有《俱舍论记》三十卷，世称《光记》，为俱舍学的权威之作。此外，法宝、神泰分别撰有《俱舍论疏》，前者三十卷现存，后者现残存七卷，是谓"《俱舍》三疏"。俱舍学亦曾随法相宗传入日本，成为"奈良六宗"之一。

第 5 章

慈恩学述要

五位百法与一切唯识

因为玄奘、窥基曾长期住在大慈恩寺弘法，所以由他们所开创的宗派被称为慈恩宗，而通常人们则称其为法相唯识宗，"法相"与"唯识"，大致总括了这一宗派的教义。

先述"法相"。"法相"一般情况下是一个与"法性"相对的概念，指的是一切事物互为差别的本质性的相状，比如物质性的存在，即佛教中所说的"色"，与精神性的存在，即佛教中所说的"心"或"识"，它们所表现出来的相状就互为不同，在物质性的存在中，"青"不是"黄"，"黄"也不是"青"，各有自己独有的相状，诸如此类，就是所谓

"法相"。"法性"则是指在摆脱了所有对人、对物的执着，即达到佛教中所说人、法二空后，能够体认到的一切事物所共同具有的真实不变的本性，佛教中称之为"真如"，当然，这只是法相唯识宗对真如的理解。

次述"唯识"。虽然在法相的层面，色与识，一为物质性的存在，一为精神性的存在，各有其不同的相状，但色并非独立于识而存在，它是由识变现出来的，乃至于一切的存在，都离不开识，都可以由识来予以统摄，这就是所谓"唯识"。简言之，法相学的主题，就是要对一切存在予以归类、分析，而唯识学的主题，则是将经过法相学归类、分析后的一切存在都统归于心识。法相学可以独立于唯识学，比如小乘的阿毗达磨，实际上就是一种法相学，而唯识学却必得奠基于法相学之上，所以说到唯识学，一定是法相唯识学。

那么，如何对一切存在进行归类、分析呢？每个人都或自觉、或不自觉地有一套对万物的分类谱系，它给予世界以秩序，决定了人们认识世界进而适应世界的方式，实际上，人不是生活在一个自在的世界中，而是生活在由各自的分类谱系所架构、所秩序化了的世界中。也许人们通常会这样来对世界进行分类：首先区分出我与他者，再在他者中区分出他人与他物。在佛家看来，这样的分类只是出于人的虚妄执着，它远非真实的。法相唯识宗提出了一套与之截然不同的对万物予以归并与区分的体系，这就是"五位百法"。

"五位百法"是指，一切存有可以被划分为五大类，共一百种。具体说来，第一、二类是心法、心所法，这两类包括了全部的心理作用，其中抽象意义上的认知主体被称为心法或称心王，而其余具体的心理状态或心理属性则被称之为心所。心所意为"心之所有"，它系属于心王，其生起要依于心王，而不能独自发生作用，另一方面，心王虽是抽象意义上的认知主体，但要表现为各种具体的心理状态，也必须和若干心所共同发挥作用，这种心王与心所的交互共生关系，即被称之为"相应"。

心法共有八种，即眼识、耳识、鼻识、舌识、身识、意识、末那识、阿赖耶识。对此下节再作进一步的论述。

心所法则有五十一种，又可分为六类：一、遍行心所，指的是凡有心王生起，都会随之相应俱起的心所，这包括触、作意、受、想、思五种。二、别境心所，指的是只有在某些特定的情形下才会生起的心所，比如，只有对于自己喜乐的对象，才会产生希望欲求之心，即才会有"欲"这一心所生起，而并非在任何情形下都会有欲求。这包括欲、胜解、念、定、慧五种。三、善心所，指的是其性质为善的心所，这包括信、惭、愧、无贪、无嗔、无痴、勤、轻安、不放逸、行舍、不害十一种。四、烦恼心所，烦恼是扰乱有情的意思，此类心所为一切烦恼根本，故亦名"本惑"，包括贪、嗔、痴、慢、疑、恶见六种，其中恶见又可进一步区分为萨迦耶见（即身见）、边执见、见取、戒禁取、邪见等五见。五、随烦恼心所，此类心所皆随烦恼心所而起，故亦名"随惑"，共二十种，分别为忿、恨、覆、恼、嫉、悭、诳、谄、害、憍、无惭、无愧、掉举、惛沈、不信、懈怠、放逸、失念、散乱、不正知。六、不定心所，此类心所并不具有确定的善、染性质等，所以称"不定"，这包括悔（或作"恶作"）、睡眠、寻、伺四种。

五位百法的第三类是色法，也就是一般所说的物质性的存在。色法共有十一种，包括前五识所依的"五根"、所缘的"五境"及"法处所摄色"。"根"这里是指能产生认识作用的机能，而要产生感性认识，就需要依托五种生理性的感官，即眼根、耳根、鼻根、舌根、身根，这就是所谓"五根"。"五根"并不就是我们通常能够见到的诸如眼球、外耳之类，这只是辅助五根的肉体器官，佛教中称之为"扶根尘"或"扶尘根"，并不具有产生认识的功能。五根虽然就在可见的扶根尘中，本身却是一种不可见的极为精微的物质。依托五根，能分别产生五种感性认识，即八识中眼识、耳识、鼻识、舌识、身识前五识，而此前五识则分别认识五种不同的感性对象，依次为色、声、香、味、触，这就是所谓"五尘"或"五境"。五根与五境，即色法的前十种，第十一种"法处所摄色"则包括一些较为特殊的色法，它们不是感性对象，不能为前五识所认识，而只能由第六意识来予以认识。

第四类是心不相应行法。佛教创立之初，就曾将一切迁流变化的事物分为五大类，所谓色、受、想、行、识"五蕴"，按照法相唯识宗的解释，五蕴与五位百法相比照，色蕴就相当于五位百法中的色法，受、想二蕴是心所法中五个遍行心所的两个，识蕴相当于心法，而行蕴的范围最广，除受、想二心所外，其余四十九心所皆属于行蕴，但既然是心所，就是行蕴中与心相应的部分，所谓"心相应行"，此外行蕴还有与心不相应的部分，需要另列一类，这就是"心不相应行法"。具体包括得、命根、众同分、异生性、无想定、灭尽定、无想报、名身、句身、文身、生、住、老、无常、流转、定异、相应、势速、次第、时、方、数、和合性、不和合性，共二十四种。在这一类中，初看似乎容纳了许多互不相干的范畴，比如时间、空间、数量、生灭变化、语言文字（指其语音，不包括其书写形式）等，但都具有一个共同的特征，它们是前三类即心法、心所法、色法的"分位"。"分位"是时分与地位的意思，也就是说，在前三类法迁流变化的过程中，因其处于不同的时间或位置，从而表现出各种不同的相状，由此设立了此第四类法。比如时间，时间并不能离开前三类法而独立存在，只是由于前三类法迁流变化，表现出前后相续的相状，就此而设立了时间。

以上八种心法、五十一种心所法、十一种色法、二十四种心不相应行法，总计九十四法，都是有为法，有为法即缘起法，是指一切基于一定的原因和条件而产生的生灭变化的事物，这些相关的原因和条件在佛教中称为"因缘"。与有为法相对的是无为法，即非由因缘所生之法，它既非因也非果，所以无生无灭，常住不变。五位百法的最后一类就是无为法，共六种，即虚空无为、择灭无为、非择灭无为、不动无为、想受灭无为、真如无为。实际上只有真如一种无为法，其余五种无为都是从真如无为的不同角度来设立的。

对于上述"五位百法"的具体内涵，限于篇幅，这里就不一一介绍了。总之，在法相唯识宗看来，一切存有，最终都可以被还原到这有限数目的五位百法中来予以说明，它对于解释世界是充足、有效的。于此没有"我"这一可归并的单一项："我"的身体属于色法，"我"的心理属于心法、心所法，"我"所在的时间、空间属于心不相应行法，"我"一旦被瓦解，我们习常用来认知世界之种种秩序的当然设基随即崩塌，佛家从其精神实质来说，从不要与世间的常识作暧昧的调和。

174

既然一切存有都可以被还原为"五位百法"，那么要成立"一切唯识"，只需要就"五位百法"来作出说明。在五位百法中，心法就是识自身，心所法与识相应俱起，色法并不外在于心、心所法，而是由心、心所法所变现，是心、心所法的一部分，即所谓"相分"，心不相应行法是前三类法的分位，无为法是前四类有为法的真如实性，因此，虽然心所法、色法、心不相应行法、无为法并不就是识，但都不离识而存在，就此而言，可称之为"唯识"。"唯识"所要破斥的，是凡夫等妄执五位百法可以离识而独存。可见，"唯识"之"唯"，乃不离之义，一切唯识，其确切的含义是，能统摄宇宙万有的五位百法皆不离识，这是法相唯识宗对唯识的一个独特理解。

八识与种习

如上所述，法相唯识宗指认心识作为主体的根源性地位，因此它的全部理论，是以八识说特别是其中的阿赖耶识说为中心的。

识的梵文音译作"毗若南"或"毗阇那"，其本义是指通过分析对象而生起的认识作用，由此还可用来兼指认识作用的主体，这两种用法在佛典中都是存在的。不过，早期佛教中都只说到六识，即眼识、耳识、鼻识、舌识、身识、意识，在法相唯识宗看来，这只是粗浅的表层的心识，在这些表层的心识之下，还有两种微细的深层的心识，即末那识与阿赖耶识，由此抉发出心识的隐显双重构造，形成了一套严密系统的心识理论。

先说前六识。前六识可分为两类，其中眼、耳、鼻、舌、身等前五识相当于一般所说的感性认识，其作用仅在于对纯粹感性对象如其所是地被动接受，比如就眼识而言，眼识的认识对象是"色"，这里所说的色是在狭义上使用的，只限于全部色法中为眼识所认识的部分，如青、黄、赤、白等。眼识的作用，即是使青、黄等色当下性地呈现于眼识之中，却并不能作出诸如"这是不同于黄的青"之类的判断。这种纯粹的感性认识被称为"现量"，正因为是现量，所以前五识无有错觉可言。作出判断、推理则已是"比量"，比量属于第六意识的功能。作为纯粹感性认识，前五识具有五个共同的特征：其一，它们所依托的都是物质性的根即所谓色根；其二，它们所认识的都是物质性的境即所谓色境；其三，它们都只能认识现有的对象，既不能追忆过去，也不能展望将来；其四，它们都是现量认识；其五，它们在时间上都是有间断的。

第六意识是与前五识不同的另一类识，其生起并无所

依之色根，而是以第七末那识为所依根，"末那"意译为
"意"，第六识为依于第七意之识，故名之为意识，一如眼
识为依于眼根之识，故名之为眼识。第六意识所认识的对象
可包括一切存有，乃至任何虚构的事物，因此大体说来，这
相当于一种综合前五识之感知的心理统觉。除了极重的睡
眠、昏迷等五种特殊的情况外，第六意识通常总能生起。

　　按其是否与前五识同时生起，第六意识可分为两类：与
前五识同时生起者为"五俱意识"，否则为"独头意识"。
五俱意识与前五识认识相同的对象，也是现量认识，它有两
种作用，一是引发前五识，因此凡前五识生起时，同时必有
五俱意识，二是使前五识所认识的对象得以清晰明了，所以
五俱意识也被称为"明了意识"。

　　"独头意识"又包括三种：一、独散意识，"独"意为不
与前五识同时生起，"散"意为不在禅定中，此即是指通常
那种独自生起、散乱纷杂的意识，其或追忆过去，或筹划将
来，或比较推度，种种构画分别。二、定中意识，即处于禅
定中、以定境为对象之意识，未得自在者于禅定中不能生起
前五识，所以定中意识虽有使认识对象清晰明了的作用，因
其不能引发前五识，所以不是五俱意识。三、梦中意识，即
睡梦中以梦境为对象之意识，实际上，梦中意识亦是独散意
识，唯因其寤、寐有异，故别立之。

次述第七末那识。"末那"为梵文的音译，意译作"意"，为了区别于第六意识，故以音译名之。"意"是"思量"的意思，然而与第六意识不同，这并非是纯粹认识论意义上的知性范畴。首先，此"思量"有独特的对象与功用，它以第八阿赖耶识为对象，而将其执着为常一不变的主体。其次，此"思量"还有不同于第八识与前六识的"恒""审"二特征："恒"即恒起，指此识能和第八识一样相续不断，这不同于前六识，前六识都是有间断的；"审"即审察，指此识具有明晰的分别作用，这不同于第八识，第八识虽相续不断，却并不能作明晰的分别。因此在前六识与第八识之外，另有此第七识。

第七识同样也没有所依的色根，而是以第八阿赖耶识为所依根，反过来，它又以阿赖耶识为所认识的对象，但是这不是一种如其所是的正确认识，而是将原本迁流不息的阿赖耶识误认为是一个常住不变的自我，这就是佛教中所说的"我执"的根源。如下节所述，任一识都可被划分为四个部分，所谓"四分"，因此具体说来，末那识所执取的对象是阿赖耶识四分中的见分。

末那识既为我执之根本，故必与烦恼心所相应俱起，此烦恼心所为我痴、我见、我慢、我爱。"我痴"是指对无我之理的愚昧无知，也就是佛教中通常所说的"无明"。严格来说，与末那识相应的无明为"恒行不共无明"，"恒行"是指此无明从不间断，即便在前六识生起善心时亦有此无明，这种无明只存在于末那识中，它识则无，故而又称之为"不共"。"我见"是指将迁流不息、本非是"我"的五蕴执着为"我"的妄见，此为五种"恶见"中"萨迦耶见"（即身见）的一部分。"我慢"是指倚恃所执之我而傲慢自负，轻视他人。"我爱"亦即我贪，是指对所执之我的贪爱。

此四根本烦恼等与末那识相应，使末那识亦具有了染污性。按善恶性质的不同，法相唯识宗将一切法分为三类：善、不善与无记，无记就是非善非恶，善法与不善法能够招感相应的果报，无记法则无此功能。无记又可分为有覆、无覆二种，所谓"覆"，意为能覆障圣道或覆蔽自心。在善、不善、无覆无记、有覆无记四类法中，不善与有覆无记称之为染污，反之，善及无覆无记则称之为不染污。末那识为有覆无记，因此是染污法，然而由于它极为微细，不具有造业感果的功能，所以不是不善法。

最后讨论第八阿赖耶识。"阿赖耶"是梵文的音译，阿赖耶一词有两个意思，一是"房屋、住处、隐居处"，二是"爱著、执著、渴爱"。法相唯识宗主要取第一义，所以将阿赖耶意译为"藏"。那么阿赖耶识所藏的是什么呢？这只有在介绍了法相唯识宗的种子熏习理论后才能有所了解。

法相唯识宗对时间有一个基本的观念，叫作"过未无体"，意思是说，过去者已经过去，未来者尚未到来，因此过去、未来都是无，只有现在的一刹那才是实有的。这与常识的时间观念比较接近，也很容易理解，但运用到佛教中会产生不少的问题，最为严重的是，按照佛教的因果报应说，造业与受报一定不会是在同一瞬间，在获得果报的刹那，或善或恶的行为早已落入过去，落入过去者既然是无，又如何能在现在产生作用而生成果报？为解决诸如此类的问题，法相唯识宗在批判地继承前代学说的基础上，建构了完备的种子熏习理论。

这一理论大意是说，一切法都可以有两种不同的存在状态，一是已经实现的状态，此为"现行"，二是处于潜能的状态，此为"种子"或"习气"。现行是刹那生灭、转瞬即逝的，但在现行生起的同时，会产生一种潜势力，即种子或习气，它被保存在阿赖耶识中。种子当然也是刹那生灭的，不过与现行在下一刹那未必会持续生起不同，种子能持续而无间隔地引生下一刹那的种子，从而在阿赖耶识中不断趋于成熟。当其后某个刹那，各种因缘条件具备，种子又会同时性地生起新的现行。

可见，这里存在三个过程、三种不同的因果关系：其一，从现行同时性地产生种子，这是以现行为因、种子为果，这一过程被称为"现行熏种子"。熏即熏习，这一概念借喻自日常生活，比如，衣服原本没有花香，但假如将衣服与香花放在一起，久之衣服也就带来了花的香味。前七识就如同香花，是能熏习者，阿赖耶识就如同衣服，是所熏习者，前七识与阿赖耶识俱时共在，同处一有情身，阿赖耶识中也就熏习成了前七识的种子。种子既然是现行通过熏习作用而存留的转化为潜在状态的气分或余习，所以又被称之为"习气"。

其二，前一刹那的种子无间隔地引生下一刹那的种子，在阿赖耶识中不断趋于成熟，这是以前一刹那的种子为因、后一刹那的种子为果，这一过程被称为"种子生种子"。与前者不同的是，这是一个历时性的过程。

其三，当种子在阿赖耶识中完全成熟，它又会同时性地生起新的现行，这是以种子为因、现行为果，这一过程被称为"种子生现行"。与现行熏种子一样，这也是一个同时性的过程。实际上，之所以称为种子，也就是从它能生起现行的意义而来的。这一概念同样借喻自日常生活，自然界中谷、麦等种子并非当下就能生果，而是相续生起根、芽、茎、枝、叶等，在此过程中，种子生果的能力并没有丧失，而是在其中辗转传递，当最后条件成熟，这种辗转传来的生果能力就能作为因生起相应的果实。生果的潜势力在阿赖耶识中辗转传递，最后生起相应的现行，也是遵循同样的路数，所以就将这种生果的潜势力形象地称之为种子。

概言之，通过现行熏种子、种子生种子、种子生现行，种子起到了保存与传递的作用，使原本在时间上前后分离的现行形成了有效的因果关联。因此种子必得具备这一特征：它能够维系因果之间的一致性，无论是在质性还是体性方面。前者是指，随能熏现行的善、恶、无记性，所熏成的种子能各个保持此种性质不变，从而也就决定了由其所生之果法的善恶性质，后者是指，比如，色法唯由色法种子所引生，心法亦唯由心法种子所引生，两者不相杂乱。

据此，《成唯识论》提出了一个"种子"的标准定义，谓其为"本识中亲生自果功能差别"。"本识"即阿赖耶识，这指示了种子存在的处所；"亲生自果"强调的是种、果关联的直接性与一致性，即种子先在地决定了所生起果法的质性与体性，因而是果法生起的最直接因，由此凸显了种子在全部因缘关系中的奠基性意义；"功能差别"则使种子与现行区别开来，表明种子只是作为一种生果的潜在势能而存在。

那么，是否一切种子皆由熏习而成呢？这涉及种子的起源问题，在瑜伽行派的学理发展史上对此曾有过争论。法相唯识宗认为，种子有两类，一类是先天具足的，此为"本有种子"，熏习的作用仅在于使其有功能上的增长，而非引起种子体的新生，另一类则由熏习而有，此为"新熏种子"。

以上简单介绍了法相唯识宗的种子熏习理论。由此可知，阿赖耶识之为"藏"，其所藏的就是种子。具体说来，此所谓"藏"有"能藏""所藏""执藏"三义："能藏"是指阿赖耶识能摄藏种子，故阿赖耶识为能藏，种子为所藏；"所藏"是指阿赖耶识为前七识的所熏与所依处，故阿赖耶识为所藏，前七识为能藏；"执藏"是指阿赖耶识无始以来被第七末那识执以为"我"。简言之，"能藏"即第八识的持种义，"所藏"即第八识的受熏义，"执藏"则指认了第八识为根源性我执的对象，正因为第八识有此"三藏"之义，故名之为"阿赖耶"。

基于上述语义，阿赖耶识便具有了自、果、因三相。就果相言，阿赖耶识是异熟识。"异熟"的梵文为 vipāka（音译"毗播迦"），旧译"果报"，后玄奘将其改译为"异熟"，以表明该词有"变异而熟""异时而熟""异类而熟"三义。于此三义中，法相唯识宗强调的是第三义"异类而熟"，即，业因或善或恶，果报则为非善非恶的无记性，两者在性类上并不一致。阿赖耶识以异熟识为其果相，这是因为，由于前七识的熏习，阿赖耶识能从前世轮转到下世，成为一生总果报的当体。就因相言，阿赖耶识是一切种识，即，其所摄藏的种子能作为亲因而生起前七识。简言之，因相即是第八识的持种义，果相即是第八识的受熏义，这正分别对应于阿赖耶识"三藏"义中的能藏、所藏义。最后，所谓自相，即具"三藏"之义的阿赖耶识。自相为因、果二相之总体，因相、果相则是作为总体的自相的两个不同的侧面。不过，除具因相的持种义即能藏义，果相的受熏义即所藏义外，更能表明阿赖耶识之特性的乃是执藏义，即阿赖耶识是第七末那识我执的对象。

阿赖耶识既然是识，它也应该有其自身所认识的对象，不过，这种认识是不明晰的，不能对所认识的对象作出具体的分别。阿赖耶识的认识对象有三种：一是种子，种子即是作为阿赖耶识的认识对象而存在于阿赖耶识中。二是根身，即五色根及其扶根尘，如前所述，五色根是眼等前五识生起的所依，它们反过来又成为阿赖耶识的认识对象。三是器界，即我们共在的生存世界，这并不是说在素朴实在论的意义上有一个外在于自身心识的实有的世界，且它可以作为一切有情共同生存的处所，恰恰相反，每一有情都只是生存在由自身心识所变现的世界中，然而，由于相关有情所各各变现的世界互相相似，不相妨碍地存在于同一空间，因此看起来好像就唯有一个世界。这就比如一室中点有众多明灯，虽然每一明灯都各发自己的光明，然每一灯的光明都能遍照全室，光光相似，相互摄入而不相妨碍，因此看起来似乎就唯有一光。

　　既然阿赖耶识是由善恶业所感得的异熟果体，通俗地说，是有情生生世世的生命当体，故而必定持续不断，并能保持其性质为非善非恶的无覆无记，无有改转。后者是因为，阿赖耶识作为总果报体，虽然由前世善、恶业所感得，然无论是感得乐果还是苦果，其有效性亦仅限于此世；善、恶则不同，它们不仅在此世发挥效用，还能使其影响力及于下世。正因为阿赖耶识本身并没有以宿命论的方式决定下世的命运，才赋予了此世的善、恶行为以积极的意义。

　　不过，阿赖耶识作为生命当体虽然持续不断，却又迁流不息，就如同不断向前流淌的河流。而第七末那识则将这种持续不断误认为是常住不变，从而将其执着为"我"，这是众生造业受报、轮回不断的终极根源之一。

四分与识变

　　人们一般总是常识性地认为，认识无非是指主体对客体的认识，其中主体是能认识的心识，客体是所认识的对象，认识是以主客的二分为前提的。而法相唯识宗的看法是，对象并非原初地就是一个与主体相对的客体，在主体生起的同时，就随带变现出了各种境相作为其认识的对象，因此对象并不在心识之外，它就是作为主体的心识的一部分，只是由于心识进一步的虚妄分别，才将其执着地作为离开心识而独立自存的客体。

这种由心识所变现、作为心识之一部分的认识对象，被称之为"相分"。"相"者相状，即心识所随带变现出来的境相，"分"者，分限、区域之义，意即此为心识中境相的部分，故名"相分"。心识不仅能变现所认知的境相，同时又将自身表象为与境相相对的能认知者，此即作为心识之另一部分的"见分"，"见"者，乃认知之义。心识将自身表象为"见分"，表明心识对自身也有一种如其所是的觉知，就此而言，这一心识的自体即是所谓的"自证分"，"自证"就是自己证知的意思。比如当见到青色时，心识不仅变现出青色来予以认知，同时还对这种见的行为本身有所意识，可见心识不仅变现了其所见的青色，同时还表象了自身即见到青色的见。据此，任一心识都可以被区分为三个部分，即作为心识自体的自证分，作为自证分对自身的表象的见分，由自证分所变现、作为认知对象的相分。

这一心识"三分"的理论是由陈那提出的。他还从知识论即"量论"的角度，对此作了进一步的展开。所云"量"者，量度、楷定之义，即获得正确知识的方法与途径，由此所获得的知识本身亦可称之为"量"。所认知的对象为"所量"，能认知的心识为"能量"，"能量"之心量度"所量"之境而对此有所了知，从而形成某种知识，就是"量果"。这就好比用尺秤等丈量于绢布等物，物是"所量"，尺秤等是"能量"，能了知丈量结果的心智，则为"量果"。陈那以前，一般都认为，此三者是各各分离的，陈那则将三者全都落实在心识上，由心识将其统一起来。此即，心识必随带有其所认知的境相而生起，是为相分，此相分即是所量；同时心识又将自身表象为能认知的见分，相对于所量之相分，见分即是能量；心识将自身表象为见分，这表明心识同时又认知了自身，证知了自身对于境相的认识，所以作为心识自体的自证分即是量果。

在陈那三分说的基础上，护法进一步建立了第四分即"证自证分"。这是因为，其一，自证分对见分的认知同样需要有进一步的证知，因而必得有第四证自证分来证知自证分；其二，能量必有量果，当自证分认知见分时，以见分为所量，自证分为能量，因此必得有第四证自证分以为其量果。那么，如此是否会导致无穷回退呢？即是否还需第五分来证知第四分呢？护法一派认为，自证、证自证二分可以互证，即，能量之自证分认知所量之见分，以证自证分为量果；能量之证自证分认知所量之自证分，还以自证分为量果；能量之自证分认知所量之证自证分，又以证自证分为量果。

也就是说，四分中，除相分外，其余三分都能互相认知：见分能认知相分，而又为自证分所认知；自证分能认知见分、证自证分，而又为证自证分所认知；证自证分能认知自证分，而又为自证分所认知。这样，建立心识四分，既避免了无穷回退的过失，又确保了唯识学理的周延完备，因而此说得到了法相唯识宗的认同。

由上可知，心识在生起时必然变现出其内在的境相即相分，同时它又表象自身而变现出内在的自相即见分，正因为心识能将自身变现为内在的相、见二分，所以才能依之而将其进一步计执为主客对立的外在世界。也就是说，心识是能变，其内在的相、见二分是所变，主客对立的外在世界则是出于在所变基础上的虚妄计执。据此，前面所说的八识都是能变识，八识可分为三类，即第八识、第七识、前六识，所以合之有"三能变"。

上述意义上的识能变被称为"果能变"，所谓"果"，是指由种子所生起的现行果法，在心识四分中，此处仅取其自体即自证分，"变"者，变现义或改转义，此自证分复能变现或改转为相、见二分，故名"果能变"。与之相对的是"因能变"，所谓"因"，是指第八识中的种子，"变"者，转变义，此种子能转变而生起两种果法，一是同时性地生起现行，二是历时性地生起下一刹那的种子，此二者皆为"因能变"。概言之，因是指种子，果是指现行，因能变是指种子能转变生起现行或种子，果能变则是指由因能变所生起的现行复能变现为见、相二分，这就是法相唯识宗的识变学说。

三性与转依

何者为有，何者为无？如何而有，如何而无？这是佛家的根本问题，于此中观学者成立了二谛之说，唯识学者则以三性、三无性来分别之。"三性"为遍计所执性、依他起性、圆成实性，与之相对的"三无性"为相无性、生无性、胜义无性。随着瑜伽行派学理的开展，有关三性、三无性的定位与具体内涵乃至两者的相互关系，也存在着有实质性差异的多种见解。大略言之，法相唯识宗主要还是远承《瑜伽师地论》的界说，从情、事、理的角度来诠解三性，即，遍计所执性出乎情执，依他起性是缘起事法，而圆成实性则是真如理体。

具体说来，三性中，依他起性具有枢纽的地位。依他起，意即依他众缘而生起，所以凡是缘起法，如心、心所及其所变现的相、见分等，都属于依他起性。从性质上说，依他起性有有漏与无漏的不同。"漏"是流注、漏泄的意思，

189

指烦恼，有烦恼则流转生死，故名"有漏"，反之，无烦恼或能断除烦恼者，即是"无漏"。无漏的依他起性谓之"净分依他"，亦可摄属于圆成实性。

于依他起性上妄执有实有的我、法等，即为遍计所执性。遍是周遍的意思，计是计度的意思，周遍于一切所知对象而计度之，故称遍计。此中能遍计的，是八识中的六、七二识，所遍计者，则是依他起性的境相，虽然能遍计的六、七识及所遍计的境相皆属于依他起性，然而由于能遍计对所遍计的计度分别，其结果却是遍计所执性。

于依他起性上遣除遍计所执性即对实我、实法等的计执，由此我、法二空，即能使真如从被遮蔽的状态显现，由我、法二空所显之真如，即为圆成实性。圆者圆满的意思，即其体周遍一切处；成是成就的意思，即其为无生无灭的常法；实是非虚谬的意思，即其为诸法的真实体性。

圆成实性既为缘起诸法即依他起性的真实体性，故二者是法性与法相的关系，彼此不即不离、非一非异。因为二者若是完全同一，则真如应同依他起性，亦有生有灭，或依他起性应同真如，亦无生无灭；二者若是完全别异、了不相关，则真如就不可能是依他起性的真实体性。

三性的关系就比如在黑暗中见到一根绳，而误认为是蛇，等到看清楚了，才发现只是绳，但绳也不是最真实的，因为绳是由麻等构成的，麻等才是绳的真实体性。蛇就如同遍计所执性，只是出于虚妄计执，其体根本就不存在，绳就如同依他起性，虽然存在，却并不是最真实的，麻等就如同圆成实性，圆成实性才是依他起性的真实体性。

依于三性，相应成立三无性。三性中，如上述其实只有遍计所执性无体，依他起性和圆成实性，其体并非无，然众生多在依他起性、圆成实性上妄执有实我、实法等表。为除遣此遍计所执性，故世尊于三性方便设立三无性。具体说来，此中依遍计所执性成立相无性，意即遍计所执性之体相毕竟非有，如同虚空中幻现之花。依依他起性成立生无性，意即依他起性依托众缘而生起，如同幻事，非是妄执所谓自然生，此处自然生是指，或执诸法无因而生，或执诸法由一个终极的本原创生，如上帝造万物，道家的道生万物等，就其非自然生而言，谓之生无性，而并不是说依他起性亦是无。依圆成实性成立胜义无性，所谓胜义，意即胜之义，胜者胜智，指无漏智，义者谓境，真如为无漏智等所体证之境界，故曰胜义，此作为胜义的真如乃由我、法二空所显，就其无有所计执的实我、实法而言，谓之胜义无性，并不是说圆成实性亦是无。

无论是三性还是三无性，实际上都是为了表明法相唯识宗的中道观，可以一言以蔽之，即"我、法非有，空、识非无。离有离无，故契中道"。遍计所执性的实我、实法等，其体非有，依他起性的心、心所等以及圆成实性的二空所显之真如则非无，如此离于有无二边，契会非有非无之中道。

如上所述，圆成实性不仅是指属于无为法的真如，而且还可包括"净分依他"，"净"即无漏法，"依他"即有为法，净分依他即是无漏有为法，这主要是指无漏智。此无漏智与真如虽都可以划归圆成实性，但二者有本质上的区别：真如是不生不灭的无为法，为法性，无漏智是有生有灭的有为法，为法相；真如仅能成为所体证的对象，而无漏智则是能体证的智慧。这一说法与中土各大宗派迥异，是法相唯识宗的一大理论特色，此一特色集中体现在其有关解脱的学说即"转依"理论中。

"转依"所转之"依"有两种：一是持种依，指摄持有一切染净法之种子的阿赖耶识，二是迷悟依，指真如，凡夫沦于生死、圣者证得涅槃，即在于对真如有迷悟之别，故真如被称为迷悟依。所谓"转依"，即是指通过修行，在持种依、迷悟依两方面都发生相应的转化，从而由凡入圣，获得解脱。

先述迷悟依方面的转化。迷悟依即真如，真如为一切缘起法的真实体性，因此无论是凡是圣、是迷是悟，真如都遍在于一切处、一切法，圣者证悟真如，真如并不因此而多一分，凡夫迷于真如，真如也并不因此而少一分，这就是所谓真如本来自性清净。然而当凡夫迷此真如时，真如就为烦恼所遮蔽，而当圣者断除烦恼、证悟真如时，真如则从被遮蔽的状态显现，这种显现的真如，称为涅槃。可见，迷悟依方面的转化，并不是说从无到有地生起真如，因为真如乃无生无灭的无为法；而是使本有的自性清净的真如从被遮蔽的状态显现，是谓之"涅槃所显得"。

然而，真如是所证悟的对象，它并不能自动地显现，关键在于破除烦恼，生起无漏智来证悟真如，因此迷悟依方面的转化一定要与持种依方面的转化相配合。

次述持种依方面的转化。众生无始时来就有各种烦恼，此烦恼大别有两类，一是以我执为根本的各种烦恼，此类烦恼能障碍涅槃的证得，名为"烦恼障"，"障"就是障碍的意思；一是以法执为根本的各种烦恼，由于未悟法空，此类烦恼使众生对一切所知的对象都不能真实地了知，故名"所知障"，所知障主要是障碍佛无漏智、即佛菩提或曰大菩提的生起。众生之所以有此两类烦恼，是因为无始以来在阿赖耶识中就有此两类烦恼的种子，即二障种子，然而除一部分众生外，其无始以来在阿赖耶识中也有清净的无漏种子，因此在持种依方面的转化，就是要通过听闻佛教的经典、正确的思考、确当的修行，使阿赖耶识中的二障种子逐渐削弱其势力乃至最终断除，无漏种子则逐渐增长或者更有新生，乃至最后纯粹只有无漏种子，其现行而生起菩提之智。此中由于断除了烦恼障的种子，所以能够生起菩提之智证得涅槃，即使真如从被遮蔽的状态显现，由于断除了所知障的种子，所以能够生起佛菩提即大菩提。可见，与"涅槃所显得"不同的是，能证涅槃的菩提之智并非为一切众生所本具，它由无漏种子生起，从无到有，乃无漏有为法，是谓之"菩提所生得"。

概言之，持种依方面的转化即是能证智慧的生成，迷悟依方面的转化则是所证真如的显现，两方面互相配合，同步推进，故谓之"二转依"。

真如周遍于一切法，为一切众生平等共有，因此能否获得解脱，实际上取决于众生是否先天具有无漏种子，即，是否具有本有无漏种子，以此为因，才能生起能证真如的菩提之智。假如众生先天不具有本有无漏种子，那么由于有漏、无漏有性质上的差别，后天即便是听闻佛法、能正确领会并依此努力修行，也不能新熏成无漏种子，从而也就没有获得解脱的可能。事实上，按照法相唯识宗的看法，无漏种子有新熏生者是在本有无漏种子现行之后，因此是以本有无漏种子的存在为前提，若无本有无漏种，亦无新熏无漏种。

这种先天具有的本有无漏种子被称为"种姓"，种姓就是族类的意思，由于众生具有本有无漏种子的状况各不相同，因此可分为五大类，是为"五种姓"：一、声闻种姓，声闻是指听闻佛陀的声教并依之修行者；二、缘觉种姓，缘觉又作"独觉"，音译"辟支佛"，是指未曾听闻佛陀的声教而独立悟道者，声闻与缘觉，合称"二乘"，也就是一般所说的小乘；三、菩萨种姓，菩萨即是大乘行者，与前"二乘"合称"三乘"，三乘虽得果不同，但都能获得解脱；四、不定种姓，指身中同时具有三乘种姓者，随不同的情形，其所得果亦不同，并不确定；五、无种姓，指身中不具有三乘种姓，即不具有本有无漏种子者，其只有有漏种子，所以永远只能轮回流转，无解脱之期。由于种姓即本有无漏种子，它是先天决定的，所以五种姓的差别也是决定的，不存在转换的可能，比如，声闻种姓与缘觉种姓者就不能成就佛果，而无种姓者则永不能解脱。

由此可见，在五种姓中，只有具菩萨种姓及不定种姓者才能成佛，成佛即是二转依的最终成果。这一方面是证得大涅槃，即真如全体的朗然呈现，这也被称为清净法界，另一方面则是大菩提的生起，具体则是所谓四智相应心品，即：一、大圆镜智相应心品，由转第八识聚而得；二、平等性智相应心品，由转第七识聚而得；三、妙观察智相应心品，由转第六识聚而得；四、成所作智相应心品，由转前五识聚而得。是即所谓"转八识成四智"。这里"识聚""心品"都是心王与其相应心所的合称，也就是说，"转八识成四智"，并非如通常望文生义所认为的，是转灭八识而转得四智，似乎在成佛时已无八识唯有四智，所谓智，其实是以别境心所中的慧心所为体，它同样须与八识心王相应俱起，只是由于在无漏的阶段，智的势力强而识的势力弱，所以才特别揭出智，并不是说此时它已无所依之识。

综上所述，可知在成佛时共有五法，即所显得的大涅槃，也就是清净法界，与所生得的大菩提，具体则是四智相应心品，前者为法性，是无生无灭的无为法，后者为法相，虽自生起后即相续不断，却仍是有生有灭的有为法；前者为所证之真如，后者为能证之菩提，虽似泯合若一，实则历然有别。也就是说，法相唯识宗自始至终都严守法性与法相、无为与有为的分判，既不认同中土佛教以《大乘起信论》为代表的由无为生有为的主流思潮，也不认为比如在成佛时可以由有为生起无为。

具有菩萨种姓或不定种姓，是获得清净转依的必要条件，在此基础上，还需经三大阿僧祇的修行，方能最终成佛，生得大菩提，显得大涅槃。"阿僧祇"是数量单位，意为"无数"，"劫"是时间单位，一大劫究竟相当于多少年，各种经论中说法不一，总之是极长远的时间，也就是说，成佛要经过三个无数大劫的修行，这是一个非常漫长的过程。这一过程可以被划分为五个阶段，是即"唯识五位"：一、资粮位，亦名顺解脱分；二、加行位，亦名顺决择分；三、通达位，亦名见道，见道位是由凡入圣的转折点，自此位起，即入第二阿僧祇劫；四、修道位，即十地之修行，历第二、第三阿僧祇劫；五、究竟位，即证得二种转依的佛果位。关于五位的具体意涵，限于篇幅，这里就不一一介绍了。

三支作法与真唯识量

在古印度好辩风气的影响下，不少学派都曾对论辩学有过系统的研究，其中最早的是婆罗门教六派哲学之一的正理派（尼夜耶派）。由此发端，逐渐形成了古印度的逻辑学说，通常被称为"正理"，它与古希腊亚里士多德的形式逻辑、中国古代的墨辩并称为世界三大逻辑体系。佛教特别是瑜伽行派在其发展过程中，也批判性地吸纳了包括正理派在内的其他学派的一些逻辑学说，形成了自己的逻辑学传统，并将举凡涉及逻辑方面的研究称作"因明"。在当时的佛教学者看来，"因明"就是"正理"，所以他们也都将自己的因明学著作标以"正理"之名；不过，既然"因明"一词仅限于佛家使用，我们也可以用它来特指在佛教中发展起来的逻辑学说，就此而言，因明即是"佛家逻辑"。

在佛教因明学的发展史上，由陈那创立、由法称予以完善的新因明体系具有划时代的标志性意义。陈那早年撰有《因明正理门论》，完成了对古因明的改造，确立了新因明的基本学理规模，晚年更撰有集大成性质的《集量论》，将因明进一步发展为量论即知识论的体系。然而，如前所述，玄奘却有意选择翻译了陈那早年的《正理门论》及其弟子商羯罗主概要性质的《因明入正理论》，而没有翻译陈那晚年的《集量论》（《集量论》后由义净于睿宗景云二年即711年译出，共四卷，已佚，今仅存藏译本，近年来有从藏译本译为汉文者。），这表明他更为关注的还是因明作为论证与破斥的逻辑工具的意义，由此形成了汉传因明自身的特色，这与藏传弘传的主要是由《集量论》发端的知识论传统有着显著的差异。

汉传因明既然是以研究论证与破斥的逻辑规则为主，因此它的整个体系，是围绕着"三支作法"展开的。陈那之前的古因明，一般通行"五支作法"，即一个论式由五个部分组成，陈那的新因明，则将其精简为"宗""因""喻"三个部分，是为"三支作法"，其中完整的喻支又包括"同法喻"与"异法喻"。这不仅是形式上的精简，更重要的是逻辑性质的改变，五支作法属于类比推理，三支作法则已在最

198

大程度上接近演绎推理。为具体说明问题，先举因明学中一个常见的例子：

宗：声是无常，

因：所作性故，

同喻：若是所作，见彼无常，如瓶等，

异喻：若是其常，见非所作，如虚空。

所谓"宗"，就是所要论证的论题。它由两部分构成，一是论题的主项，如上例中的"声"，这被称为"有法"，二是论题的谓项，如上例中的"无常"，这被称为"法"。有法与法是构成宗的两个要件，所以称之为"宗依"，相对于此，由有法与法两个宗依通过"是"加以连接（**梵文中通过有法与法的词尾变化来表示两者的联系，无须"是"。**）而成的宗，就是"宗体"。宗依必须是立论者、论敌两方都认同的，而由宗依构成的宗则是立论者一方的主张，而为论敌所反对，因为如是双方都认同的命题，就没有再加以论证的必要，这叫作"违他顺自"。若用 S 来表示有法，用 P 来表示法，那么宗可以表示为：凡 S 是 P。

要证成宗，就需要提出相应的理论依据，因、喻二支就承担着这样的功能，其中尤以因支为要。对于如何才能成为一个正确的因，陈那曾有过系统周详的探讨，其结论是，一个能证成宗的正确的因必须满足三条规则，是为"因三相"：

一、"遍是宗法性"，这里的"宗法"，不是指宗中之法，"宗"是指宗中有法，因此"宗法"是指宗中有法的法，也就是说，因必须能与宗中的有法构成一个命题，从而使因成为宗中有法的法。如上例中，宗中的有法是"声"，因是"所作性故"，意即"因为是造作出来的"，现在仍以"声"为有法，而以因"所作性故"为法，构成一个命题："声是所作性故"，此命题必须能够成立。可见，因三相的第一相无非是说，因必须能在外延上包含全部宗中的有法。如用 M 来表示因，那么此第一相可表示为：凡 S 是 M。

二、"同品定有性"，第二相讲"同品"，下第三相讲"异品"，对此"同品""异品"的界定，学界有许多争论。所谓"同品"，是指除宗中有法外，所有具有宗中之法所示性质的事物，所谓"异品"，是指除宗中有法外，所有不具有宗中之法所示性质的事物。如上例中，宗中有法为"声"，宗中之法所示的性质为"无常"，除声外，所有具有无常性质的事物，如瓶盆、雷电等，皆为同品，反之，除声外，所有不具有无常性质的事物，如虚空等，皆为异品。那么，这里为何要将宗中有法排除在外呢？这根源于因明的论辩本性，宗中有法是否具有宗中之法所示的性质，如上例中，"声"是否具有"无常"的性质，正是论敌否定而立论者肯定并要予以论证的，为使同品、异品所指者能为论辩双方接

200

受，就应将有争议的宗中有法暂时排除在外。

在明确了同品、异品的概念后，再来看"同品定有性"。这是说，一定要有同品具有因的性质，如上例中，同品为瓶盆、雷电等，都具有因的性质"所作性"。此第二相仅是要求有同品即便是一个具有因的性质，而并不是要求全部同品都具有因的性质。上例是一种特殊情况，因为所有具有无常性质的事物都是"所作性"的，"所作性"并非一定要通过人力，其所指的范围包括一切有为法，与无常所指的范围相同。然若立宗"内声无常"，内声是指人或动物发出的声音，以"勤勇无间所发性故"为因，意即"因为是通过不断努力而显发出来的"，那么此时同品依然是除内声外所有具有无常性质的事物，如瓶盆、雷电等，瓶盆等具有因的性质"勤勇无间所发性"，雷电等则是自然现象，不是通过有意识的努力才显发出来的，所以并不具有因的性质，也就是说，只有一部分同品具有因的性质，但这还是符合"同品定有性"的要求。此第二相"同品定有性"可表示为：有非 SP 是 M。

三、"异品遍无性"，这是说，必须所有的异品都不具有因的性质。如上例中，异品为虚空等，它们都不具有因的性质"所作性"。此第三相可表示为：凡非 S 非 P 不是 M。

概言之，因三相的第一相是确立因与宗中有法的关系，即因的外延必须包含全部宗中有法，（但两者的外延不能等同，否则就找不到一个同品具有因的性质，违背了第二相"同品定有性"。）第二、第三相是确立因与宗中之法的关系，即在暂不考虑宗中有法的前提下，宗中之法的外延能包含或等同于因的外延。可见，正是因起到了连接宗中有法与宗中之法的媒介作用，从而可以用它来证成宗。因三相中缺失任何一相，都不能成为一个正确的因。

因三相的第一相"凡 S 是 M"已直接表现在因支中，其后二相则由喻支来进一步展开和表现。"喻"原本是由已知比知未知的意思，在古因明的五支作法中，喻支的功能仅在于举出例证，如就上例言，即是举出瓶盆等例证，论辩双方都认同，在瓶盆等上能见到"所作性"与"无常"，同时也都认同因支"声是所作性"，由此就可来类推为论敌所反对的宗："声是无常。"所以古因明是一种类比推理，关键在于它没能在"所作性"与"无常"之间建立一种普遍必然的联系。由陈那开创的新因明则将古因明那种举证式的喻，如举出瓶盆等，称为"喻依"，而另在论辩双方都认同的范围内，成立一个联系因与宗中之法的普遍命题作为"喻体"。如上例中，"若是所作，见彼无常"，意即"凡是造作出来的，它都是无常的"，就是喻体，而举出瓶等例证，则是喻依。

喻体展示的是在论辩双方都认同的范围内，因与宗中之法两者间普遍必然的联系，这被称为"宗因不相离性"。它具体可以通过两个方面来予以展示：一是"说因宗所随"，二是"宗无因不有"，由此构成为喻支的两部分，即"同法喻"与"异法喻"。

同法喻的结构是"说因宗所随"，即，凡具有因之性质的，必定具有宗中之法的性质。这是因为，宗中之法在外延上包含或等同于因。如上例中，凡具有因之性质"所作性"者，必定具有宗中之法的性质"无常"，瓶盆等喻依就是例证。同法喻必须先说因有、再说宗有，而不能倒过来，先说宗有、再说因有，即，不能说：凡具有宗中之法性质的，必定具有因的性质。因为在宗中之法的外延大于因的外延的情况下，必定有部分同品不具有因的性质。如立"内声无常"宗，以"勤勇无间所发性故"为因，瓶盆、雷电等皆为同品，瓶盆等具有因的性质"勤勇无间所发性"，而雷电等却并不具有这一性质。因而，雷电等虽是同品，却不能作为同法喻的喻依。

值得注意的是，同法喻也必须是论辩双方都认同的，因此同样需要排除宗中有法。如就上例言，首先，论敌认同因支"声是所作性"，其次，在同法喻中，他能接受的至多只能是，除声外，凡所作者皆是无常，也就是说，声可以是一个特例，它虽是所作性，却非无常。如不排除声，论敌能认

203

同一个毫无例外的全称命题，那他也不会反对"声是无常"宗了。因此同法喻可表示为：除 S 外，凡 M 是 P。

异法喻的结构是"宗无因不有"，即，凡不具有宗中之法性质的，必定不具有因的性质。这实际上是从反面来展示宗因不相离性。如上例中，异法喻为"若是其常，见非所作，如虚空"，这是说，凡不具有宗中之法的性质"无常"，即常住不变者，必定不具有因的性质"所作性"，虚空等就是例证。异法喻必须先说宗无、再说因无，而不能倒过来，先说因无、再说宗无，即，不能说：凡不具有因之性质的，必定不具有宗中之法的性质。因为在宗中之法的外延大于因的外延的情况下，非因的外延大于非宗中之法的外延，因此必定有部分不具有因之性质者，却仍然是同品。如立"内声无常"宗，以"勤勇无间所发性故"为因，雷电等虽不具有因之性质"勤勇无间所发性"，却是"无常"而为同品。因而于此例中，雷电等虽不具有因之性质，却不能作为异法喻的喻依。与同法喻一样，异法喻也须排除宗中有法，因此它可表示为：除 S 外，凡非 P 不是 M。纯粹从逻辑上看，同法喻与异法喻是等值的。

综上所述，三支作法可表示如下：

宗：凡 S 是 P

因：凡 S 是 M

同喻：除 S 外，凡 M 是 P

异喻：除 S 外，凡非 P 不是 M

可见，三支作法的操作策略其实是这样的：其一，确立宗中有法与因的关联，即因能包含全部宗中有法；其二，在排除宗中有法的前提下，确立因与宗中之法的关联，所谓宗因不相离性，即除宗中有法外，宗中之法能包含全部因。第一步由因支来展示，第二步由喻支来展示，这两步都是论辩双方都认同的。其三，借助因的媒介作用，将第二步确立的宗因不相离性类推到论敌视为例外的宗中有法上，从而排除例外，证成宗中有法也必定能为宗中之法为包含。从根本上说，三支作法还没有完全突破类比推理而成为纯粹的演绎推理，关键在于，虽然它用来展示宗因不相离性的喻支力图取得全称命题的形式，这也是其超越古因明的五支作法，已最大限度地接近演绎推理的标志，然而由于论辩的需要，实际上它却不得不将宗中有法排除在外，从而也就不可能完全等同于三段论的大前提"凡 M 是 P"。将因明进一步发展为纯演绎推理，是由陈那的后学法称作出的，但法称的因明学没有传来汉地，只流布于西藏地区。

在三支作法的具体运用方面，玄奘也有许多经典的案例。据说他在印度求学时的老师胜军论师花了四十多年时间，立了一个比量来证明大乘经典出自佛说，写在其对《唯识决择论》的释文中，当时无人予以质疑。玄奘见到后，立即发现了其中的疏漏之处，并对其作了改动。

在玄奘流传下来的因明立量中，最著名的还是他在曲女大会上所立的"唯识比量"，后来又被称为"真唯识量"，甚至被法相宗人奉为"万代之通轨"。"真唯识量"应该出自玄奘所撰的《制恶见论》，此量如下：

宗：真故极成色，不离于眼识，

因：自许初三摄，眼所不摄故，

喻：犹如眼识。

如前所述，玄奘所撰《制恶见论》的破斥对象是以正量部为代表的小乘学者，他们认为心识所认识的对象在心识之外，心识能直接认识外在于自身的对象。玄奘则基于大乘唯识学的立场，认为心识所认识的对象并不在心识之外，而是由心识所变现，是心识的一部分，所谓相分，因此立了这一"真唯识量"来予以论证。

此量宗支中，所谓"真故"，是指基于大乘的殊胜教义来立论，即不是从小乘或世俗常识的立场来说，"极成色"，是指为论辩双方都认同的"色"，即将各自特许的那些"色"排除在外，因此整个宗支、即玄奘想要成立的命题是：从大乘的殊胜教义来看，论辩双方都认同的色一定不离于眼识。因支中，"自许"是一个简别语，意为是立论者所许可的，

"初三"是指十八界即六根、六境、六识中的第一组，所谓眼根、色境、眼识，因此整个因支是说：双方都认同的"色"包含在立论者所许可的"初三"中，并且它又不能为眼根所包含。喻支则是一个省略了喻体的同法喻，其完整的表述应是：凡包含在立论者所许可的"初三"中，并且它又不能为眼根所包含的，一定不离于眼识，犹如眼识。真唯识量中有三个简别语，即宗支中的"真故""极成"与因支中的"自许"，特别是对于如何来理解因支中"自许"的意义，学界有许多争议，以至对整个真唯识量的评价亦大相径庭。笔者认为，纯粹就因明作法言，真唯识量并无过失，至于它是否能证成唯识，则是另一个问题。

附录

年　　谱

602 年（隋仁寿二年）　生于洛州缑氏县（今河南省偃师市
缑氏镇）。俗名陈祎。

606 年（大业二年）　是年丧母。

611 年（大业七年）　是年丧父。随二兄长捷法师入住洛阳
净土寺。

614 年（大业十年）　是年剃度（一说在大业八年），法名
玄奘。从景法师学《涅槃经》，从严法师学《摄论》。

618 年（唐武德元年）　为避战乱，与兄长捷经长安入蜀。
从慧景、空法师学《毗昙》《摄论》，从宝暹学《摄
论》，从道基学《毗昙》，从道振（一作"志振"）学
《八犍度论》等。

622 年（武德五年）　于成都受具足戒，坐夏学律。

623 年（武德六年）　离蜀游学。沿江而下，至荆州，开讲
《摄论》《毗昙》。

624 年（武德七年）　北上相州，从慧休学《杂心》《摄论》。

复至赵州，从道深学《成实》。

625年（武德八年） 秋后由赵州西返长安，从道岳学《俱舍论》，从法常、僧辩学《摄论》，从玄会学《涅槃经》。被目为"释门千里之驹"，誉满京邑。

627年（贞观元年） 八月自长安西行，经河西，出玉门关，历五烽，越国境，过莫贺延碛，抵达伊吾。

628年（贞观二年） 入高昌，至屈支国。北逾天山，过中亚昭武九姓国一带，经铁门至睹货罗地。至缚喝国，越大雪山，夏末秋初进入北印度。至迦湿弥罗国，从僧称（一作"僧胜"）法师学《俱舍》《顺正理》、因明、声明等。

629年（贞观三年） 是年秋，去迦湿弥罗国，行至磔迦国东境。从一自称为龙树弟子的老婆罗门学《经百论》《广百论》。至至那仆底国，就调伏光学《对法论》《显宗论》《理门论》。

630年（贞观四年） 至阇烂达罗国，从月胄学《众事分毗婆沙》。由北印度入中印度。至宰禄勤那国，从阇耶毱多就听经部《毗婆沙》。

631年（贞观五年） 至秣底补罗国，从蜜多斯那学《辩真论》及《随发智论》等。至羯若鞠阇国，从精进军学佛使所造《毗婆沙》、日胄所造《毗婆沙》。巡礼中印

209

度佛教圣迹，旋被迎入摩揭陀国之那烂陀寺。

632 年（贞观六年） 在那烂陀寺。从戒贤听受《瑜伽师地论》三遍，《顺正理论》《显扬论》《杂集论》各一遍，因明、声明、《集量论》等各二遍，《中论》《百论》各三遍，对前此所习《俱舍》《毗婆沙》《六足》《阿毗昙》等，复予研读决疑。

636 年（贞观十年） 去那烂陀寺，外出游学。其大致路线是至东印、转南印、折向西印、复归中印。至伊烂拏钵伐多国都城。从如来密、师子忍研读《毗婆沙论》《顺正理论》。

637 年（贞观十一年） 至南印度之南憍萨罗国。从某善解因明之婆罗门读《集量论》。至驮那羯磔迦国。就苏部底、苏利耶学大众部《根本阿毗达磨》等论。二师亦依法师学大乘诸论。

638 年（贞观十二年） 绕道西印度至北印度之钵伐多国。从二、三大德学正量部《根本阿毗达磨》及《摄正法论》《教实论》等。

639 年（贞观十三年） 返那烂陀寺。旋往寺西之低罗择迦寺，就般若跋陀罗咨决所疑。复往杖林山，从胜军论师学《唯识决择论》《意义理论》《成无畏论》《不住涅槃论》《十二因缘论》《庄严经论》等，并问《瑜伽》、因明等疑。

640 年（贞观十四年） 复返那烂陀寺。寺内中观学者师
子光依中观义破瑜伽之旨，因撰《会宗论》三千颂
会通二宗。论破某顺世论者。正量部学者般若毱多
作《破大乘论》七百颂攻难大乘，因撰《制恶见论》
一千六百颂破之。应邀至东印度迦摩缕波国。为其国
王拘摩罗王造《三身论》三百颂，阐扬佛之功德。在
拘摩罗王护送下，与戒日王会于羯朱嗢祇罗国。

641 年（贞观十五年） 戒日王于曲女城召开论辩大会。立
《制恶见论》，凡十八日，无人能破之。大乘众称法师
为"大乘天"，小乘众称法师为"解脱天"，由是誉满
五印。

644 年（贞观十八年） 至瞿萨旦那国（即于阗）王城。以
归国事上表太宗。

645 年（贞观十九年） 正月二十五日入长安。携归佛典凡
五百二十夹，六百五十七部，并大量佛舍利及佛像等。
二月一日，于洛阳谒太宗，商定译经事宜。三月一日
返长安，居弘福寺，组建译场。五月，正式开始译经。

646 年（贞观二十年） 五月十五日，始译《瑜伽师地论》。
七月，撰成《大唐西域记》十二卷。七月十三日，进
呈《西域记》及已译成佛典五部，请御制经序。

647年（贞观二十一年） 因东印度迦摩缕波国拘摩罗王之请，唐太宗敕法师与道士蔡晃、成玄英等译《老子》为梵文。

648年（贞观二十二年） 五月十五日，译成《瑜伽师地论》一百卷。七月一日，应召前往坊州玉华宫。八月四日，太宗亲撰《圣教序》。太子李治又撰《述圣记》。十月十六日，随驾回京，住宫城北阙紫微殿西弘法院译经。十二月二十三日，入住大慈恩寺，充任上座。窥基是年剃度，年十七。是年慧沼生。

649年（贞观二十三年） 四月二十五日，随驾终南山翠微宫。五月二十六日，太宗崩。还大慈恩寺，专事译经。

652年（永徽三年） 于大慈恩寺西院造塔，两年而成。即大雁塔。

653年（永徽四年） 日僧道昭随遣唐使来华，受学于法师。

654年（永徽五年） 二月，复信中印度摩诃菩提寺智光、慧天。是年窥基二十三岁，特旨受具足戒，并入住大慈恩寺。

655年（永徽六年） 尚药奉御吕才作《因明注解立破义图》，与法师门下争议，因奉敕与吕才对定。

656年（显庆元年） 正月二十三日，请朝廷简派官员为译场监阅，并请立大慈恩寺碑。高宗准奏。二十四日（一说二十七日），敕尚书左仆射于志宁、中书令来济、礼部尚书许敬宗等时往译场看阅。四月十四日，御碑至大慈恩寺。五月，旧疾复发，被迎入凝阴殿西阁调养。疾甚，请罢先道后佛、僧俗同科令。敕废僧俗同科令。十二月五日，为皇子李显落发。

657年（显庆二年）　闰正月一日（一说十三日），随驾至洛阳，住积翠官、明德宫译经。返乡与张氏姊重修父母坟茔。十一月，再度病倒。

658年（显庆三年）　二月四日，随驾返长安。七月十四日，入住西明寺。圆测约于是年被征为西明寺大德。日僧智通、智达随新罗船入唐，受学于法师及窥基。

659年（显庆四年）　十月，移住坊州玉华寺。闰十月，糅译《成唯识论》十卷，至十二月三十日讫。

660年（显庆五年）　正月一日，始译《大般若经》。

663年（龙朔三年）　十月二十三日，译成《大般若经》六百卷。

664年（麟德元年）　二月五日（西历3月7日）夜半，入寂。四月十四日，葬于浐水东岸白鹿原。

669年（总章二年）　法师寂后五年，迁葬于樊川北原（少陵原），起塔供养，因塔建寺。

705年（神龙元年）　法师寂后四十一年，中宗下敕于两京

各置佛光寺以为纪念（东都一所即设于缑氏法师故
居）。追谥法师为"大遍觉"。

758 年（乾元元年） 法师寂后九十四年，肃宗赐法师墓塔
所在寺院名"大唐兴教寺"。

参 考 书 目

1. 慧立，彦悰．大慈恩寺三藏法师传 [M].孙毓棠，谢
方，点校．北京：中华书局，2000.

2. 冥祥．大唐故三藏玄奘法师行状 [M]// 大正藏：第
50 册．

3. 道宣．玄奘传 [M]// 大正藏：第 50 册．

4. 季羡林，等，校注．大唐西域记校注 [M].北京：中华
书局，1985.

5. 护法，等．成唯识论 [M]// 藏要：第 4 册，上海：上海
书店影印，1991.

6. 窥基．成唯识论述记 [M]// 大正藏：第 43 册．

7. 窥基．因明入正理论疏 [M].清光绪二十二年刊本．

8. 杨廷福．玄奘年谱 [M].北京：中华书局，1988.

9. 傅新毅．玄奘评传 [M].南京：南京大学出版社，2006.

10. 朱楔．玄奘西游记 [M].北京：中华书局，2007.

11.钱文忠.玄奘西游记[M].上海：上海书店出版社，2007.

12.杨维中.中国唯识宗通史[M].南京：凤凰出版社，2008.